KB084257

다시,
초등 고전읽기 혁명

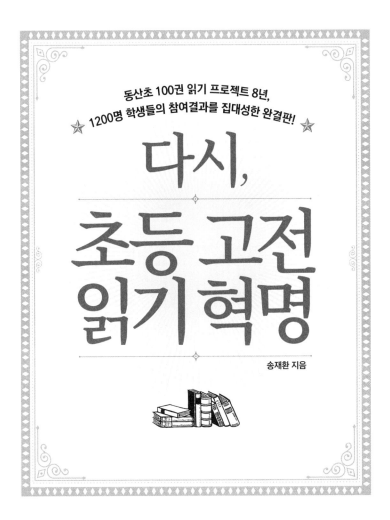

동산초 100권 읽기 프로젝트 8년,
1200명 학생들의 참여결과를 집대성한 완결판!

다시,
초등 고전
읽기 혁명

송재환 지음

글담출판

고전에 대한 부모들의 편견을 깨는 책!

매년 초중고생뿐만 아니라 대학생, 일반인을 대상으로 전국 고전 읽기 백일장 대회를 주최하고 있다. 고전 문학을 통해 전통 덕목을 본받고 인본주의적 심성을 개발하고자 하는 마음에서 시작된 대회였다. 올해로 20회를 맞이하는데, 그 참가자가 조금씩 늘고 있다. 고전의 중요성을 인지하는 분들이 늘어나고 있다는 뜻이리라. 고전은 남녀노소 가릴 것 없이 깨달음을 주고 성장시킨다. 대회에 참가한 사람들의 글을 보면 이를 여실히 느낄 수 있다. 그리고 이러한 신념은 대회를 이끄는 원동력이 되었다.

요즘 부모들은 똑똑하여 고전읽기의 효과에 대해 충분히 인지하고 있다. 그럼에도 불구하고 고전읽기에 대해 반신반의해하며 소극적인 이유는 무엇일까? 고전이라는 부담감과 아이의 읽기 능력에 대한 걱정 때문일 것이다. 여기에 초등 아이에게 고전읽기란 부모의 과

욕이자 부작용을 낳을 수도 있다는 우려가 한몫할 것이다.

하지만 이는 고전에 대해 잘못 알고 있기 때문이다. 만약 초등 아이에게 고전읽기가 무리였다면, 의미가 없다면 고전읽기 백일장의 응시 대상에서 초등부를 제외시켰을 것이다. 먼저 고전에 대한 오해와 편견을 버리고 올바로 인식하는 게 필요하다. 단순히 고전 효과만을 얻기 위해 고전에 접근한다면 제대로 된 읽기가 불가능하고 부정적인 결과를 초래하기 쉽다.

고전은 지나친 경쟁과 교육열, 외자녀 가족의 증가 등으로 우리 아이들이 발달시키기 힘든 효심이나 반성, 나누는 마음, 생각의 힘 등을 길러 주는 최선의 방법이다.

이 책은 고전읽기에 대해 관심이 있거나 혹은 고전읽기를 시행하고 있는 부모들에게 최적의 책이라고 할 수 있다. 고전이란 무엇이며, 초등 아이에게 고전을 읽혔을 때 어떤 효과가 있는지, 초등 아이에게 고전을 어떻게 접근시켜야 하는지가 저자의 실제 사례를 바탕으로 잘 정리되어 있다. 초등 고전읽기를 집대성한 '최초'의 책이라고도 할 수 있는데, 고전읽기에 대해 전혀 생각해 본 적 없는 부모에게는 고전을 다시 돌아보는 계기를 마련해 줄 것이다. 이 책을 통해 많은 부모님과 선생님이 고전읽기에 관심을 갖기를 소망해 본다.

(사)국민독서문화진흥회장 김을호

고전읽기 이후 아이들이 달라졌다!

40년이 넘는 교직 생활 동안 느낀 점은 '아이들은 끄는 대로 끌려 온다'는 사실입니다. 부모나 교사가 어떤 방향으로 이끌어 주느냐에 따라 아이들은 달라집니다. 그렇기에 부모와 교사의 역할은 절대적 이며 중요합니다. 좋은 교사와 좋은 부모를 만난다는 것만큼 아이에 게 더 큰 행운은 없습니다. 성공하는 인생을 살아갈 수 있기 때문입 니다.

좋은 교사와 좋은 부모를 만나는 것 이상으로 중요한 만남이 있습 니다. 바로 책과의 만남입니다. 아이들은 만나는 책에 따라 그 인생 이 달라집니다. 이런 생각에서 전 학년 고전읽기 프로젝트를 진행하 였습니다. 준비 과정에서 어려움도 많았지만 실시 전까지 저 역시 초 등 아이에게 고전을 읽히는 것이 도움이 될까 걱정이 앞섰습니다. 하지만 고전을 읽은 뒤 아이들이 달라졌습니다. 꿈이 없던 아이들이 꿈을 갖기 시작하고, 피로와 학업에 대한 스트레스로 힘없던 아이들의 눈빛이 살아나기 시작했으며, 자기밖에 몰랐던 아이들이 다른 친구를 배려하기 시작했습니다. 고전읽기 이후 아이들의 변화는 말로 다 표현할 수 없습니다.

그러한 변화를 가정에서도 확인했으면 좋겠습니다. 그리고 이 책이 이를 도와줄 것이라 믿습니다. 전문 교사들도 초등 아이들에게 고전 읽히기란 어려운 일이었습니다. 부모님들은 더욱 그러하겠지요. 저는 충분한 사전 준비와 각 교사들의 노력으로 지금과 같은 성과를 낳을 수 있었다고 생각합니다. 이 책은 그러한 교사들의 노력으로 얻어진 노하우들을 아이들의 일화와 함께 소개하고 있습니다. 고전읽기에 대한 구체적인 안내서가 되어 줄 것으로 확신합니다.

전 동산초등학교장 윤성로

2011년 가을 『초등 고전읽기 혁명』이라는 책을 세상에 내며 큰 반향을 기대했던 것은 아니었다. 내가 몸담고 있는 학교에서 하고 있는 전교생 고전읽기를 관심 있는 독자들에게 알릴 수 있었으면 좋겠다, 그런 소박한 바람뿐이었다. 이를 위해 고전읽기가 왜 중요하지, 고전읽기를 어떻게 해야 하는지에 대해 그간 나의 생각을 담담하게 정리했다.

그런데 결과는 기대 이상이었고 폭발적이었다. 책이 출간되자 여기저기서 인터뷰 요청이 쇄도하기 시작했다. 주요 일간지부터 시작해서 주간지, 월간지에 이르기까지 수십 군데에서 인터뷰를 제안해왔다. 방송에도 적잖게 출연했다. 그리고 책을 읽은 수많은 독자가 고전읽기에 대해 문의를 해왔다. 또한 전국의 수많은 초등학교에서 고전읽기 프로그램을 도입하고 싶다고 강연 요청이 쇄도했으며 실제로 많은 초등학교에서 우리 학교의 모델을 쫓아 고전읽기를 시행하고 있다. 뿐만 아니라 독서 동아리 모임 등에서도 나의 책을 가지고 스터디를 한다는 소식을 여러 번 접할 수 있었다. 심지어 외국에까지 번역 출간되는 영광을 누릴 수 있었다. 『초등 고전읽기 혁명』 책 사랑에 힘입어 이듬해 『초등 고전읽기 혁명 실천편』까지 출간하기에 이르렀다. 정말 '책 한 권의 힘'을 절감할 수 있었다.

독자들의 사랑이 계속될수록 가슴 한 켠에 부담감이 남게 되었다.

눈 덮인 길을 걸어갈 때(踏雪野中去)

함부로 어지럽게 걷지 마라(不須胡亂行)

오늘 내가 밟고 가는 이 발자국은(今日我行跡)

뒷사람의 이정표가 되리라(遂作後人程)

백범 김구 선생님이 자주 읊었다고 전해지는 서산대사의 이 시 구절이 내 가슴속에서도 자리하게 되었다. 내가 걷는 길을 이정표 삼아 따라오는 많은 사람을 보며 정말 조심해야겠다는 생각이 들곤 했다.

다행히 아직까지는 후회함이 없다. 내가 주창하는 고전읽기로 인해 인생 망쳤다는 사람은 아직 만나 보지 못했으니 말이다. 우리 학교에서도 고전읽기의 중요성에 대해 점점 더 공감하면서 고전읽기를 초창기보다 더욱 강화하고 있다. 뿐만 아니라 고전읽기를 해보고 큰 성과를 거두었다는 소식을 여기저기서 많이 접하고 있으니 감사할 따름이다.

출판사로부터 개정판 출간을 제안 받았을 때 약간의 망설임이 있었다. 이미 하고 싶은 이야기는 『초등 고전읽기 혁명』을 통해 다 했는데 군이 개정판을 내야 할 필요성이 있을까 싶었다. 하지만 마음을 이내 고쳐 먹었다. 내용 중에서 시간이 흐름에 따라 업데이트 해야 할 내용도 있었고, 무엇보다 햇수로 8년 동안 고전읽기 프로젝트를 진행하면서 첨언하고 싶었던 이야기도 많았기 때문이다. 무엇보다도 학교 현장에서 아이들에게 고전을 읽히고 싶으나 어떻게 해야 할지 몰라 막막해하는 교사나 사서 분들에게 도움을 드리고 싶었다.

이 책이 아직도 고전읽기에 발걸음을 내딛는 데 주저하고 있는 분들에게 용기를 주었으면 하는 바람이다. 만약 이미 고전읽기에 발걸음을 내딛은 분들에게는 이정표가 되었으면 한다. 혹시라도 중간에 길을 잃고 방황하는 분들에게는 희망이 되었으면 한다.

마지막으로 나는 지혜 없고 어리석으나 나를 통하여 놀라운 일들을 행하셨고 행하실 살아계신 하나님께 모든 영광을 돌린다.

송재환

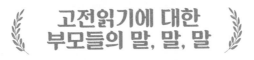

고전읽기에 대한 부모들의 말, 말, 말

이 글은 고전읽기를 진행한 후 학부모들에게 받은
소감들 중에서 일부를 발췌하여 수록한 것이다.

⟶ 6학년 학부모 ⟵

- ◆ 고전을 읽은 후 책에서 읽은 좋은 글귀를 자주 이야기해 주게 되었고 생각의 폭이 넓어졌다.
- ◆ 막연히 어려울 것이라 생각한 고전을 친구들과 함께 재미있게 접근함으로써 독서의 폭을 넓혀 준 계기가 된 것 같다.
- ◆ 책을 읽고 생각하는 능력이 좋아졌다. 고전읽기 강력 추천한다.
- ◆ 남을 배려하는 마음과 봉사하는 마음이 커진 것 같고, 부쩍 우리에게도 강요해 부모와 자식의 역할이 바뀐 것 같다.
- ◆ 고전을 읽기 시작하면서 고전을 응용해서 이야기하는 습관이 아이에게 생겼다. 특히 『논어』를 읽은 후부터는 실생활 속에서 공자님 말씀을 많이 인용하는데 보기가 좋다.
- ◆ 어렵지만 꾸준히 읽고 의미를 되새기는 아이의 모습을 보니 고전읽기의 힘을 느낄 수 있었다.

♦ 아이의 독서 시간이 늘었고, 다양한 분야의 책을 접하면서 관심 분야
 가 넓어졌다.

♦ 선생님의 지도 아래 친구들과 함께 같은 책을 읽음으로써 혼자서라면
 흥미없어했을 고전책을 좀 더 적극적으로 읽을 수 있었던 것 같다. 책
 을 화제로 집에서도 이야기할 수 있게 되어 좋았다.

♦ 평소 편독하여 걱정이 되었으나, 학교에서 다양한 분야의 책을 같이
 읽어 만족스럽다.

♦ 분량이 많은 책은 중간에 포기하는 경우가 많았는데, 고전을 끝까지
 읽었다는 사실이 자랑스럽다.

♦ 습관적으로 독서하는 태도가 형성된 것 같다. 인성적인 부분에서 특
 히 『소학』의 경우 교훈을 많이 받았는지 책의 가르침을 실천하려고 노
 력하는 모습이 보인다.

♦ 특히 『소학』이 참 좋았다. 아이가 읽은 후 생활에 접목시켜 이야기도
 많이 하고 생활 태도가 더욱 좋아졌다.

♦ 일기나 독후 감상문을 쓰는 능력이 많이 향상되었다.

♦ 쉽고 흥미로운 책만 읽었는데, 좀 길고 딱딱한 내용도 오랫동안 집중
 해서 읽는 모습을 보니 좋았다.

- 고전읽기를 통해 글밥이 많은 다른 책들에 대한 거부감이 없어지고, 긴 글을 읽어 나가는 끈기를 가지게 되었다.
- 책 내용이 집중을 요하는 만큼 고전을 읽은 이후로 읽기 태도가 좋아지고 생각이 많이 어른스러워졌다.

◆ 2학년 학부모 ◆

- 잠들기 전에 고전을 읽어 주고 있다. 세상을 살면서 등불이 되어 줄 글이 많다.
- 다양한 종류의 책을 읽음으로써 간접 경험을 늘릴 수 있고 고전에 나온 좋은 글귀를 암기하여 일상생활에 응용하는 변화가 생겼다.
- 글쓰기와 사고력이 좋아지고, 어휘력이 특히 많이 향상되었다.
- 고전읽기를 통해 여러 장르의 책을 접하게 되면서 다방면으로 관심이 넓어졌다.
- 책을 보는 폭이 넓어진 것 같다. 다양한 책에 관심을 갖고, 연구하려는 자세가 좋아 보인다.
- 글밥이 많고 긴 책도 거부감 없이 읽게 되었다.

◆ 1학년 학부모 ◆

- 책을 읽은 후 내용에 대해 예전보다 고민하고 생각하는 시간이 많아졌다.
- 책을 좀 더 가까이 하는 느낌이 들고, 글쓰기에 익숙해지는 것 같아 기대가 된다.
- 책을 좀 더 집중해서 읽는 것 같고, 읽은 후 질문이 많아졌다.

고전읽기에 대한
학생들의 말, 말, 말

이 글은 고전읽기를 진행한 후 학생들에게 받은
소감들 중에서 일부를 발췌하여 수록한 것이다.

⟶ 6학년 학생 ⟵

◆ 고전을 읽기 시작하면서 그동안 나의 잘못된 사고방식이 조금은 개선
  된 것 같고, 말을 할 때도 조금 더 논리적으로 하게 된 것 같다.

◆ 세계적인 책들을 어린 나이에 볼 수 있어 좋았다. 이 프로젝트로 우리
  학교가 더 자랑스러워진 것 같고, 후배들이 계속 고전읽기를 했으면 좋
  겠다.

◆ 고전을 읽고 자신을 되돌아보고 반성하게 되었다. 또한 고전에 있는
  좋은 글귀를 마음에 새기고 항상 생각하게 되었다.

◆ 사람들에게 조금 더 다가가는 방법을 알게 되었다.

◆ 내 행동의 변화가 필요함을 느끼게 되었고 나의 잘못된 점을 깨닫는
  계기가 되었다.

◆ 문학 작품의 이야기가 재미있었다. 세상을 살아가는 태도를 알려 줘

정말 좋고 알찬 경험이었다.

♦ 『논어』와 『백범일지』를 읽다 보니 생각이 많이 바뀌었다. 또한 좋은 구절을 보면 책에 적는 습관이 생기게 되었고 내 생각도 깊어진 것 같다.

♦ 『논어』를 읽고 나서부터 욕도 줄고, 화도 덜 내고, 독서도 더욱 집중해서 하고, 친구들과도 더 잘 어울리게 되었다.

♦ 독후감을 쓸 때나 일기를 쓸 때 조금 더 편해졌다.

♦ 『논어』를 읽으면서 마음에 편안함을 되찾은 것 같다. 정서적으로 많은 도움이 되었다.

♦ 인격이 예전보다 좋아진 것 같고 나의 글쓰기 실력과 언어 구사력이 향상된 것 같다.

❖ 5학년 학생 ❖

♦ 좋은 책들을 친구들과 함께 읽으며 매우 중요한 교훈들을 깨달을 수 있어 좋았다.

♦ 고전을 읽으면서 글쓰기 실력이 늘고 책을 많이 읽게 되었다.

♦ 재미있고 나에게 유익한 정보를 알 수 있었고 똑똑해지는 것 같아 좋았다.

♦ 고전을 읽으면 좀 배운 사람 같아서 좋았다. 두껍고 어려운 책을 읽을 기회가 없는데 이렇게라도 읽을 수 있어서 좋았다.

♦ 1학년 때 읽었던 『아낌없이 주는 나무』라는 책이 가장 기억에 남는데, 내가 처음 읽은 고전이기도 하고 이 사회에 꼭 필요한 배려를 이야기하고 있어서 좋았다.

❖ 4학년 학생 ❖

♦ 작년까지만 해도 책을 읽으면 잠이 왔는데, 고전읽기를 한 다음부터 많이 나아진 것 같다.
♦ 내가 고전을 읽는다는 것이 자랑스럽다. 그리고 고전읽기를 하면서 읽는 속도가 빨라졌고, 책에 관심이 많아졌다.
♦ 『소학』을 읽은 후, 요즘 엄마에게 예의 바르게 행동하려고 노력하게 되었다.
♦ 평상시 수다스러운 편인데, 『소학』을 읽고 난 뒤부터 수업 시간에는 말을 하면 안 되겠다는 다짐을 하게 되었고 집중력이 좋아졌다.

❖ 3학년 학생 ❖

♦ 친구들과 책에 대한 이야기를 많이 하게 되었다.
♦ 옛날에는 책 보기 싫어서 텔레비전만 봤는데, 조금씩 책에 관심을 가지게 된다.

❖ 2학년 학생 ❖

♦ 마음이 안정되고 생각도 깊어졌다. 공부도 열심히 하게 되었다.
♦ 독서 태도가 좋아지고 마음이 편안해졌다.
♦ 독서 습관이 생겼고, 어려운 책도 읽게 되었다.
♦ 『사자소학』을 읽은 후, 부모님께 효도하는 마음이 생겼다.
♦ 책 읽는 것이 즐거워졌고 고전읽기 계속하고 싶다.

◆ 어려운 책을 끝까지 읽었다. 예전보다 똑똑해진 것 같다.

◆ 책 읽는 능력이 더 늘었다.

◆ 책 읽는 게 재미있어졌다.

◆ 내 실력이 옛날보다 더 많이 좋아진 것 같다.

차 례

1장

달라지는 시대, 다시 고전읽기에 주목하라

모든 책 읽기가 아이를 성장시킬까?

초등 고전읽기의 힘 II 제대로 알아야 고전에 대한 생각이 바뀐다

·5장·

고전읽기를 성공적으로 시작하는 법

· 6장 ·
고전을 읽는 10가지 방법

·7장·
고전읽기 효과가 2배가 되는 독후 활동

요즘만큼 부모들이 길을 잃기 쉬운 시기는 없는 듯하다. 미래 시대를 준비할 수 있다는 말에 코딩 학원을 보내고, 뭐라도 해야 할 것 같아 영어 학원을 알아보기 시작한다. 그러나 그 어떤 학원에서도 부모의 불안을 해결해 주진 못한다. 학원 역시 바꿔어 가는 교육에 대한 정확한 인식과 교육법을 갖고 있지 못하기 때문이다. 이럴 때일수록 학원을 이리저리 옮겨 다니기보다 기본에 집중해야 한다. 그리고 그 기본을 쌓아 주는 것이 고전읽기다.

1장

달라지는 시대,
다시 고전읽기에
주목하라

왜 다시 고전읽기일까?

the great book

　교사 생활을 한 지 20년 가까이 되어 가지만, 요즘만큼 부모들이 길을 잃기 쉬운 시기는 없는 듯하다. 작년에 대한민국을 휩쓸었던 4차 산업혁명 열풍부터 자유 학년제의 전면 실행 등등, 부모들은 도대체 아이를 어떻게 교육시켜야 할지, 지금 이대로도 괜찮은 것인지 혼란스럽다.

　여기에 2015년 개정 교육 과정이 2017년 초등학교부터 순차적으로 적용되고 있다. 기존의 지식 암기식 수업에서 탈피하여 아이들이 인문학적 상상력과 과학기술 창조력을 갖춘 창의융합형 인재로 성장할 수 있도록 교육 과정이 개정된 것이다. 그로 인해 교과 시간을 파괴한 블록 수업이나 프로젝트 조별 발표, 수학과 과학 교과를 융합한 스팀(STEAM) 교육 등이 진행되게 되었다.

이뿐만이 아니라 초등·중학교 디지털 교과서 적용, 객관식 문제 폐지와 논·서술형 수행평가 비중 증가, 초등 1, 2학년 숙제 금지 및 영어 방과 후 학교 운영 폐지 등 빠르게 교육이 바뀌고 있다.

불안해진 부모는 근시안적인 해결책에 빠져들고는 한다. 미래 시대를 준비할 수 있다는 말에 코딩 학원을 보내고, 뭐라도 해야 할 것 같아 영어 학원을 알아보기 시작한다. 그러나 그 어떤 학원에서도 부모의 불안을 해결해 주진 못한다. 학원 역시 바뀌어 가는 교육에 대한 정확한 인식과 교육법을 갖고 있지 못하기 때문이다. 이럴 때일수록 학원을 이리저리 옮겨 다니기보다 기본에 집중해야 한다. 기본이 단단하다면 어떤 상황에서도 흔들리지 않고 자신의 기량을 펼쳐 나갈 수 있다. 그리고 나는 그 기본을 단단히 쌓아 주는 것이 고전읽기라고 확언한다.

나는 2011년도에 처음으로 전 학년 고전읽기 프로젝트를 진행하여 올해 8년째를 맞이하였다. 내가 몸담고 있는 학교는 국내 유일하게 전 학년을 대상으로 고전읽기를 실시하고 있다. 일명 '동산 고전읽기(The Great Book Dongsan Program)'로, 아이들이 제 나이에 적합한 약 100권의 고전을 읽고 졸업할 수 있도록 한 프로젝트다(본문에서는 '고전읽기 프로젝트'라고 축약하여 명칭하였다.). 이를 위해 독서 전문가라고 할 수 있는 선생님들이 모여 학년별 아이들의 발달과 특성을 고려하여 고전을 선정하였다. 그리고 일주일에 한 시간씩 정규 교과 과정에 고전읽기 시간을 배치하였고, 이외 추가적으로 아침 독서 시간과 재량 시간을 활용해서 고전을 읽히기로 하였다.

수많은 사례를 통해 고전의 효과가 입증되었지만, 초등학생에게 그것도 전 학년에게 읽힌다는 것은 무모한 도전이기도 했다. 그 모험에 가까웠던 프로젝트를 지금까지 해올 수 있었던 비결은 시대가 바뀌어도, 교육 과정이 달라져도, 고전읽기만큼 아이에게 좋은 교육은 보지 못했고 없었기 때문이었다. 이것이 비단 나만의 착각이었다면 지금까지 해오지 못했을 것이다. 전 학년의 학생들, 학부모들, 선생님들이 고전읽기의 효과를 몸소 느끼고 경험해 왔기에 가능하였다.

고리타분한 옛 것 느낌의 고전이 지금 우리 아이에게 가장 필요한 교육이라니, 의아할 수도 있다. 그러나 하나의 예만 들어도 그런 의문은 사라질 것이다. 고전읽기는 바뀐 교육 과정에서도 그 힘을 발휘한다. 바뀐 교육 과정의 핵심은 비판적 사고 능력, 창의성, 소통 능력, 협업 능력이다. 대부분 고전읽기를 통해 얻을 수 있는 능력들이다. 고전을 읽으면 깊고 폭넓은 사상과 세계와 만나게 되어 자연스럽게 창의성과 비판적 사고 능력을 지닐 수 있게 된다. 또한 고전을 읽으면 글을 쓴 저자와 그 작품이 쓰였을 당시의 시대와 소통할 수 있게 된다. 뿐만 아니라 고전을 읽고 친구나 가족들과 책에 대해 이야기하는 과정은 아이로 하여금 소통과 협업의 소중함을 깨닫게 해준다.

고전의 진짜 정의

the great book

> '고전을 읽어야 하는 이유와 본인이 읽었던 가장 인상에 남는 고전은?'

이 물음은 서울 시내 유명 사립대에서 2018학년도 대입 면접에서 나온 질문 중 하나다. 2018학년도부터는 '고전읽기'가 고등학교 선택 과목으로 들어올 계획이라고 한다. 우리 사회도 고전읽기의 중요성을 점점 인식하는 것 같다. 하지만 고전읽기가 좋고 중요하다는 것은 알지만 막상 아이들에게 고전읽기를 시키려고 하면, '도대체 고전이 뭘까?' '아이들이 고전을 읽을 수 있을까?' '당장 읽혀야 하는 책도 많은데, 고전까지 어떻게 읽히지?' 등 막막함에 직면하게 된다.

처음 전 학년 고전읽기를 시작한다고 했을 때 학부모들의 반응 역시 마찬가지였다. 그래서 먼저 고전의 정의에 대해 살펴보려고 한다.

고전이라고 하면 우리는 먼저 오래된 책을 떠올린다. '고전(古典)'은 말 그대로 '고전(古傳)'이라고 생각하는 것이다. 즉 오래전부터 전해 내려온 책을 우리는 고전이라고 부르는 경향이 있다. 몇천 년이 된 『논어』나 몇백 년이 된 『천로역정』과 같은 책을 우리는 주저 없이 고전이라고 부른다. 하지만 고전이냐 아니냐를 단순히 시간으로만 따지면 곤란하다. 예를 들어 출간된 지 70년이 지난 『어린 왕자』는 고전일까? 아마 고개를 끄덕이는 사람도 있겠지만 고개를 갸우뚱하는 사람도 있을 것이다. 그러면 『꽃들에게 희망을』처럼 50년 정도 된 작품은 고전일까? 아마 더 많은 사람이 고개를 갸우뚱할 것이다. 출간된 지 20년이 되어 가는 『나쁜 어린이 표』와 같은 작품은 고전일까? 아마 많은 사람이 "에이! 그건 아니다."라고 말할 것이다. 또 어떤 사람은 출간된 지 10년이 넘었으니 고전으로 인정해야 한다고 주장할 것이다.

이처럼 고전을 단순히 출간 시기로만 정의 내리는 데에는 무리가 있지만 군이 시간으로 고전이냐 아니냐를 나누어야 한다면 30년을 기준으로 삼고 싶다. 보통 30년을 한 세대로 잡는데, 만약 한 세대가 흐른 뒤에도 그 책이 계속 출간되고 독자들에게 읽히고 있다면 힘을 가진 책이라고 할 수 있지 않을까? 그리고 그런 책이라면 100년 후에도 사랑받고 있을 것이다.

그렇다면 고전은 그저 오래된 책일까? 오래된 책이 고전이라면 서적 박물관에서 먼지를 뒤집어쓰고 잔뜩 쌓여 있는 책들 또한 모두 고전이라 할 수 있다. 단순히 오래된 책으로만 고전을 국한시키는 것은 한계가 있다. 고전은 오래되었을 뿐만 아니라 그 내용에 수준이 있어야 한다. 즉 고전은 '고전(高典)'이라고 할 수 있다.

보통 고전을 영어로 'classic book'이라고 하는데 나는 'great book'이라는 표현을 더 좋아한다. 고전은 단지 오래된 옛날 책이 아닌 예전부터 내려오는 '위대한 책'이기 때문이다.

고전의 조건을 종합해 보면 고전이란, 30년 이상 된(古傳), 수준 있는(高典) 책을 의미한다. 수준 있는 책이라고 하여 어렵게 생각할 필요는 없다. 그 내용과 전개, 담고 있는 가치관 등이 훌륭하다는 뜻이다. 간혹 어른조차 읽기 힘든 고전도 있지만, 아이들도 쉽게 읽고 즐길 수 있는 고전도 대단히 많다.

4차 산업혁명시대,
고전읽기가 아이를 지켜 줄 수 있을까?

the great book

    어떤 부모들은 의아하게 생각할지도 모르겠다. 자고 일어나면 변하는 시대에 굳이 고리타분하고 케케묵은 고전을 읽어야 하는지 말이다. 더욱이 읽어야 할 책이 차고 넘치는데 한가하게 고전이나 읽고 있으라니, 이해가 안 갈 것이다.

    특히 우리는 지금 역사적으로 새로운 시대를 맞이하였다. 불과 30여 년 전만 해도 곧 컴퓨터와 인터넷을 기반으로 한 지식정보시대가 도래할 것이고 3차 산업혁명이 시작된다며 소란을 피웠다. 이후 우리 사회는 확연하게 지식정보가 중요해졌고 사회 변화의 속도 역시 점점 더 빨라졌다.

    어쩌면 우리는 아직 3차 산업혁명이라 불리는 지식정보 사회에 적응 중인지도 모르겠다. 그런데 이제는 인공지능과 로봇을 기반으로 한 4차 산업혁명이 오고 있다고 말한다.

분명한 것은 지금의 아이들이 현재와는 완전히 다른 세상에서 살아갈 것이란 사실이다. 부모도 미처 예측할 수 없는 세상에서 살아갈 아이들에게 독서가 과연 도움이 될까? 더구나 고전읽기가 4차 산업혁명시대에 가당키는 한 것일까?

4차 산업혁명이 도대체 무엇이길래!

인류는 이제까지 크게 3번에 걸친 산업혁명을 거쳐 왔다. 먼저 1784년 영국에서 시작된 1차 산업혁명은 석탄을 연료로 한 증기기관으로부터 시작되었다. 이로 인해 이전에는 인간의 힘과 가축의 힘 정도에 의지할 수밖에 없던 것들이 증기기관이라는 엄청난 힘에 의존할 수 있게 되면서 대량 생산이 가능해졌고 철도나 인쇄술 등이 획기적으로 발전하기 시작했다.

2차 산업혁명은 1차 산업혁명 이후 약 100년쯤 뒤인 1870년에 시작되었다. 2차 산업혁명은 석유와 전기를 에너지로 삼아 본격적인 대량 생산의 시대를 맞이하게 되었다. 전기라는 새로운 에너지를 이용하여 전신, 전화, 전자 통신 분야의 기술이 발전하고 다른 분야들에까지 큰 영향을 끼친 시대라 할 수 있다.

2차 산업혁명이 있은 후 약 100년 뒤인 1980년대에 3차 산업혁명이 일어나기 시작했다. 3차 산업혁명을 이끈 것은 컴퓨터와 인터넷이었다. 컴퓨터와 인터넷을 기반으로 지식정보 혁명이 일어난 셈이다. 이전의 산업혁명이 보이는 물건을 만들어 내는 방식의 변화였다면 3차 산업혁명은 가상의 공간과 물건처럼 형상이 없는 지식정보의 생산이 중요해진 시대라고 할 수 있다. 인터넷의 등장으로 시공간 거리가 매우 가까워졌고, 전자를 기반으로 한 새로운 기술들은 자동화 생산 시스템을 가능하게 해 더 큰 대량 생산의 길이 열렸다.

그리고 이제는 4차 산업혁명이 도래하였다. 4차 산업혁명은 로봇이나 인공지능을 통해 실재와 가상 세계의 경계가 무너지고 가상 물리 시스템이 구축되는 시대를 말한다. 한마디로 지능정보 사회라고 부를 수 있다.

사실 우리는 4차 산업혁명이 무엇인가에 대해 명확한 실체를 알지 못한다. 그래서 더 두려운 것인지도 모른다. 4차 산업혁명이 몰고 올 파장과 그로 인해 어떤 세상이 올 것인지 전문가들조차 예측하기 어려운 시대에 살고 있다. 기계가 인간을 대체하는 정도가 아닌 인간의 지능을 초월하는 시대가 올 것이기 때문이다. 4차 산업혁명이 몰고 올 변화의 속도, 범위, 체제는 이전의 산업혁명과는 비교가 되지 않을 것이다.

인간의 문제는 변하지 않는다

1차 산업혁명부터 4차 산업혁명까지 핵심 키워드는 '기술의 발전'이다. 우리는 기술이 발전할수록 인간의 삶 또한 더욱 풍요로워지고 여유가 생기며 행복해질 것이라고 믿었다. 앞으로의 기술 발전은 지금까지의 기술 발전과는 비교가 되지 않을 것으로 예측된다. 문제는 이런 기술 발전이 우리의 과거 믿음과 달리 인간을 행복하게 만들어 줄 것만 같지는 않다는 사실이다. 하나의 예만 들어도 알 수 있다. 기술의 발전으로 사람이 하던 일을 로봇이 대신하게 될 것이다. 덕분에 사람들에게는 시간적 여유가 생기겠지만 일자리는 사라진다. 우리가 미래를 영화 〈매드 맥스〉처럼 디스토피아적으로 바라보는 이유도 이러한 까닭들 때문일 것이다.

기술의 발전이 사람을 행복하게 할 것이란 생각은 애당초 잘못된 생각일 수 있다. 기술이 아무리 발전해도 인간은 변하지 않고 인간이 고민하는 문제 또한 변하지 않기 때문이다.

인간이 살아가면서 고민하는 문제는 무엇인가? 먹고사는 문제이고 물질의 문제인 듯 하지만 실은 한 꺼풀만 벗겨 보면 모두 철학적인 문제들이다. 나는 누구인가? 인간은 어디로 와서 어디로 가는 것인가? 절대적인 진리는 존재하는 것인가? 영원은 존재하는가? 죽음이란 무엇인가? 잘 살며 의미 있는 인생이란 무엇인가? 이런 문제들은 4차 산업혁명이 온다 해도 절대 해결될 문제가 아니다. 오히려 더 심화될 것이다. 인류가 사라지지 않는 한 영원히 고민해야 할 문제들이기 때문이다. 이런 문제들을 하나씩 풀어 갈 때 진정한 행복을 느끼는 존재가 바로 인간이다. 그리고 이런 문제의 해답을 제공해 줄 수 있는 것은 인공지능이나 로봇이 아닌 고전이다. 고전은 인공지능이나 로봇들이 주지 못하는 답을 제시해 주며 사색의 즐거움과 창의성을 선사한다.

4차 산업혁명의 기초는 인문학

흔히 인문학이라 하면 문사철(文史哲) 즉 문학, 역사학, 철학을 지칭한다. 인문학은 사람의 생각과 행동을 연구하는 학문이라 할 수 있다. 한때 우리에게 홀대받던 인문학이 최근 다시 주목받고 있긴 하지만, 여전히 미약하다. 그리고 앞으로도 그러할 것이라 생각하는 사람이 의외로 많다. 하지만 그렇지 않다. 미래에는 인문학이 더욱 중요해질 것이다. 왜냐하면 인문학은 사람이 살아가는 데 필요한 기본을 제공해 주기 때문이다.

자율주행 자동차를 예를 들어 보자. 우리나라는 아직 걸음마 단계이지만 미국과 같은 선진국에서는 자율주행 자동차가 상용화 단계 직전이다. 아마 우리도 10년이 지나지 않아 자율주행 자동차가 도로를 활보할 것이고, 언젠가는 자율주행 자동차가 아니면 운행할 수 없는 날이 올 지도 모른다.

　이런 자율주행 자동차가 상용화되기까지 기술의 발전이 가장 큰 걸림돌이라고 생각할 수 있다. GPS를 기반으로 한 센서의 민감성, 배터리, 도로 상태, 시스템 에러, 해킹과 같은 여러 가지 기술적인 문제를 떠올릴 수 있는데, 이런 문제들은 기술이 발전하면 자연스럽게 해결된다. 진짜 문제는 다른 데에서 튀어 나온다. 자율주행 자동차로 인해 실직될 수많은 운전기사는 어떻게 할 것인가? 도로 위에 장애인과 비장애인이 걸어가고 있는데 어쩔 수 없이 한 명을 치고 지나갈 수밖에 없는 상황이라면 누구를 치고 지나가도록 프로그래밍할 것인가? 자율주행 자동차 시대에도 인간에게 운전할 권리를 허용할 것인가? 지나친 가정이라고 말할 수도 있겠지만, 우리가 지금은 예상치 못했던 다양한 윤리적인 문제가 야기될 것이다.

　이런 문제들은 기술의 발전으로 해결할 수 있는 것들이 아니다. 오히려 기술의 발전이 야기시킨 골치 아픈 문제다. 이런 문제들을 해결하는 데 필요한 것은 인간적 감성과 사회적 합의와 철학적 판단이다. 바로 인문학의 도움이 반드시 필요한 것이다. 인문학의 도움 없이는 온전한 산업혁명을 이룰 수 없고, 인문학이 바탕이 되지 않는 산업혁명은 오지 않는 것이 인간을 행복하게 할지도 모른다.

　고전을 읽는다는 것은 인문학을 읽는다는 것과 비슷한 말이라고 할 수 있다. 고전은 인문학 중에서도 긴 시간의 거름 장치를 통과한 가장 값어치 있는 결정체들이다. 이런 고전을 등한시하고 읽지 않는다면 앞으로 다가올 4차 산업혁명의 파도를 제대로 탈 수도 넘을 수도 없을 것이다. 미래로 나아갈수록 고전을 많이 읽어 인문학적 소양이 풍부한 사람이 더욱 진가를 발휘하고 우리 사회에 필요한 인재가 될 것이다.

과거를 읽는다는 건 미래를 보는 것이다

19세기 영국의 저명한 지식인이자 비평가로 유명한 존 러스킨이 한 말을 들려주고 싶다.

"인생은 매우 짧고 그중에서도 조용한 시간은 얼마 안 된다. 우리는 그 시간을 가치 없는 책을 읽는 데 낭비하지 말아야 한다."

어차피 우리는 한정된 시간에 한정된 책을 읽을 수밖에 없다. 그러니 어떤 책을 읽을 것인가 하는 선택만이 남는다.

아이들은 부모의 욕심으로 불필요한 책들까지 너무 많이 읽는다. 그 덕분에 많은 지식과 정보를 얻을 수는 있겠지만 그것들을 통합하거나 근본을 살피는 통찰력은 기를 수가 없다. 이는 수많은 연장을 가지고 있어도 그 연장의 사용법을 모르는 것과 같다.

자동차를 운전할 때 운전을 잘하는 사람일수록 룸미러나 백미러를 통해 후방을 자주 확인한다. 룸미러나 백미러를 통해 후방을 자주 확인하는 것은 뒤로 가기 위한 것이 아니라 앞으로 잘 나아가기 위한 것이다. 고전을 읽는 이유도 이와 비슷하다. 고전은 분명 과거의 내용이다. 하지만 이 과거를 잘 들여다볼 필요가 있다. 과거를 잘 들여다보아야 미래가 더 잘 보이고 미래를 향해 더 매끄럽게 나아갈 수 있다. 과거를 들여다보는 것은 결코 고리타분한 것이 아니다. 고전을 잘 들여다보면 과거로부터 얻어지는 삶의 지혜가 생기고 문제 해결의 실마리를 발견할 수 있게 된다. 오래된 과거를 담고 있는 고전이 미래를 열어 주는 통로가 될 수 있는 것이다.

8년간 어떤 기적들이 일어났을까?

the great book

초등학교 졸업 후 6년 만에 한 남자아이가 찾아왔다. 서울대학교에 입학했다며 감사함을 표하러 온 것이었다. 그저 찾아와 준 것만으로도 고마운데, 좋은 소식까지 들려주니 너무 대견스러웠다. 그 아이는 학교생활 중에 가장 기억에 남는 것이 고전읽기였다면서, 자신에게 굉장히 많은 도움이 되었다고 말했다. 중·고등학교에 진학해서도 지속적으로 고전을 읽을 수 있는 바탕이 되었다는 것이다. 꼭 이것 때문인지는 모르겠지만, 덕분에 원하는 대학을 갈 수 있었던 것 같다며 수줍게 말했다.

6학년 때 읽었던 고전 중에 가장 기억에 남는 고전이 있냐고 물으니 『논어』가 가장 기억에 남는다고 했다. 이유를 물었더니 처음으로 내 인생을 어떻게 살아야 할지 고민하게 만든 책이어서 그렇다고 했다. 중·고등학교 때도 힘들 때마다 『논어』를 가끔씩 들춰 봤다고 한다.

비단 이 아이만이 아니다. 졸업해서 학교를 찾아오는 많은 아이가 초등학교 때 가장 기억에 남는 활동으로 고전읽기를 꼽는다. 읽을 때는 좀 힘들었지만 많은 것을 배울 수 있는 기회였다고 입을 모은다. 많은 아이가 고전읽기를 통해 '내 인생의 책'을 발견하는 경험을 하기도 하였다.

나는 올해 1학년을 지도하면서 이런 학부모도 보았다. 분당에 살았는데 『초등 고전읽기 혁명』책을 읽고서 아이를 우리 학교에 입학시키기 위해 뒤도 안 돌아보고 이사를 왔다는 것이다. 평소에도 독서를 엄청 많이 하는 아이였는데 학교에 입학해서 고전읽기를 시작하면서 좀 더 지혜롭고 깊이 있는 아이가 되어 가는 모습을 목격할 수 있었다.

뒤에서 보다 자세히 소개하겠지만, 고전읽기가 가져온 기적은 8년 넘게 이 프로젝트를 기획하고 이끌어 온 나로서도 기대 이상이었고 놀라움의 연속이었다. 물론 어렵다고 나 몰라라 하는 아이들이 없는 것은 아니었다. 하지만 다년간 노하우가 쌓이면서 모두가 즐겁게 고전읽기를 지속할 수 있었다.

교사로서 아이들을 가르치다 보면 안쓰럽기 그지없다. 아침부터 저녁까지 아이들의 공부 스케줄은 실로 살인적이다. 학교 끝나기 무섭게 방과 후 수업이나 학원으로 달려간다. 저학년 아이들이 수업 중에 코피를 흘리는 모습은 이제 익숙한 풍경이 되었다.

그렇게 학업을 위해 무리하게 공부하지만 결과는 신통치 않아 보인다. 학원, 과외, 학습지에 치인 아이들의 눈빛에는 배움의 열망보다 체념이 가득하다.

그나마 다행인 것은 부모들이 조금씩 현명해지고 있다는 사실이다. 학원 돌리기식 공부의 한계를 조금씩 느끼고 다른 방안을 찾기 시작한 것이다. 고전읽기는 이런 부모들에게 새로운 대안이 되어 줄 수 있다.

공부는 독서 그 이상도 그 이하도 아니다. 독서한 만큼 공부할 수 있고 성장할 수 있다. 독서 수준이 아이의 학습 능력 수준이다. 특히 고전읽기는 어떤 책 읽기보다 학업적 성과가 뚜렷이 드러난다. 그중 하나가 바로 언어 능력의 향상이다. 언어 능력은 일생 동안 조금씩 길러지는 능력이 아니라 언어 조작기인 4~5세부터 발달하여 언어 지능이 확립되는 12세쯤 완성된다. 이후에는 언어 지능이 좀처럼 늘지 않는다. 그런데 고전읽기를 시작한 후 경험한 가장 놀라운 것 중 하나가 아이들의 언어 능력이 급격히 발달하고 이것이 국어 성적에 고스란히 반영된다는 점이다. 문장제·서술형 문제에도 강한 자신감을 보이며 사고력을 비롯한 다양한 학습 능력들이 발달하는 것을 확인할 수 있었다.

고전읽기를 통해 얻을 수 있는 학습 능력은 단순히 암기력, 계산력과 같은 단기적인 능력이 아니다. 학습의 근본이 되는 능력이자 응용과 심화에 바탕이 되는 능력이라고 할 수 있다.

인공지능 로봇과 경쟁해야 할
우리아이들에게 고전읽기의 의미

메뚜기 교육이 아닌 기본에 집중해야 하는 시기

작년에 대한민국을 휩쓸었던 4차 산업혁명부터 2015년 개정 교육, 자유 학년제의 전면 시행, 코딩 교육, 스팀 교육 등, 현재 우리나라 교육은 혼란 그 자체다. 그러다 보니 부모 역시 갈팡질팡 이 학원을 보냈다가 저 학원을 보냈다가 부산하다. 그러나 그 어떤 학원에서도 부모의 불안을 해결해 주진 못한다. 학원 역시 바뀌어 가는 교육에 대한 정확한 인식과 교육법을 갖고 있지 못하기 때문이다. 이럴 때일수록 메뚜기처럼 학원을 이리저리 옮겨 다니기보다 기본에 집중해야 한다.

4차 산업혁명의 기초는 인문학이다

아무리 기술이 발전해도, 과학적 접근으로 모든 문제를 해결할 수는 없다. 오히려 기술의 발전이 야기시키는 숱한 문제에 봉착하게 된다. 이런 문제들을 해결하는 데 필요한 것은 인간적 감성과 사회적 합의, 철학적 판단이다. 인문학의 도움 없이는 온전한 산업혁명을 이룰 수 없고, 인문학이 바탕이 되지 않는 산업혁명은 인간을 불행하게 만든다. 즉 미래로 나아갈수록 고전을 많이 읽어 인문학적 소양이 풍부한 사람이 진가를 발휘하고 필요해질 것이다.

고전은 오래되기만 한 책이 아니다

고전이라고 하면 오래된 고리타분한 책이라고만 생각하기 쉽다. 그러나 출간 시기로만 정의 내리는 데에는 무리가 있다. 나온 지 불과 몇십 년 안 된 책 중에도 좋은 책이 많기 때문이다. 적어도 한 세대(30년)가 흐른 뒤에도 사랑받는다면 고전이라 부를 자격이 된다. 시간의 거름망을 통과하여 살아남은 만큼 그 내용의 가치와 진정성 역시 보장되어 책을 고르는 가장 쉬운 기준이 되어 준다.

1,200명 아이들에게 크고 작은 선물을 선사한 고전읽기 프로젝트

초등학교 때 읽은 『논어』를 중·고등학교에 가서도 힘들 때마다 읽었다는 아이, 고전읽기 습관 덕분에 서울대에 진학하게 되었다는 아이, 부모를 대하는 태도가 달라졌다는 아이, 수업 시간에 딴짓을 덜 하게 되었다는 아이 등등 크고 작은 변화를 곁에서 지켜볼 수 있었다. 학원 돌리기식 공부의 한계를 조금씩 느끼고 있다면, 고전읽기가 새로운 대안이 줄 것이다.

예전에 비해 요즘 아이들은 책을 많이 읽는다. 늘어난 독서량에 발맞춰 아이들의 독서 수준과 질은 얼마나 향상되었을까? 사실 현장 교사들은 하나같이 달라진 게 없다고 말한다. 아무 책이나 많이 읽는 것은 안 읽는 것보다 훨씬 해롭다. 잘못된 독서 습관이 생기며 복잡한 사고를 싫어하는 단순한 사람이 될 수도 있다.

2장

모든 책 읽기가
아이를
성장시킬까?

우리 아이들은 지금 잘못 읽고 있다

the great book

　내가 교사 생활을 갓 시작했을 때는 학부모 총회나 면담 때마다 독서의 중요성을 강조했다. 독서를 시켜야 어휘력과 이해력이 좋아져 공부를 잘하게 된다며 열변을 토하곤 했다. 다행히 근래에는 독서의 필요성을 굳이 강조하지 않아도 많은 부모가 이를 인식해서 독서에 힘을 기울이고 있다. 최소한 초등학교 저학년 때까지는 말이다.

　부모들의 독서에 대한 관심은 아이가 세상에 나오기 전부터 이미 시작된다. 배 속에 있는 아기를 위해 부부가 교대해 가며 책을 읽어 주는 모습은 이미 흔해졌다. 어디 이뿐인가? 아이를 위해 수십만 원씩 하는 백과사전이나 문학 전집을 아낌없이 사준다. 그래서인지 아이들의 독서 실력은 전반적으로 높다.

　독서 환경도 예전과 비할 바가 아니다. 지금은 어디를 가나 책이 넘쳐난다. 학교마다 번듯한 도서실을 구비하고 있고 소유 장서도 풍부하다. 이뿐만 아니라 학급마다 학급 도서로 비치되어 있는 책들만 해도 미니 도서관을 방불케 한다. 이처럼 좋아진 독서 환경 덕택에 지금 우리 아이들은 최소한 책이 없어서 못 읽진 않는다.

하지만 아이들이 예전보다 책을 많이 읽는 현실이 반갑지만은 않은 건 왜일까? 아이들의 늘어난 독서량에 발맞춰 독서의 수준이나 질도 향상되어야 하는데 그렇게 느껴지지 않기 때문이다. 아무 책이나 많이 읽는 것은 안 읽는 것보다 훨씬 해롭다. 마치 몸에 나쁜 음식은 안 먹는 것이 좋듯이 유해한 책은 안 읽는 것만 못하다. "나쁜 책보다 더 나쁜 도적은 없다."는 이탈리아 격언은 나쁜 책의 폐해를 정확히 지적해 주고 있다.

아이는 읽는 대로 만들어진다. 아이가 읽는 책이 미래를 결정짓기 마련이다. 따라서 부모는 아이가 읽는 책 한 권 한 권에 세심한 주의를 기울여야 한다. 어려서부터 아이에게 많은 책을 권하며 독서 습관을 가질 수 있도록 노력했는데 그동안 별 효과가 없었다면 잘못된 독서를 하고 있었을 확률이 높다.

때문에 고전읽기에 대해 언급하기 전에 먼저 우리 아이들의 독서 행태에 대해 살펴보려고 한다. 이는 부모가 고전에 관심을 가져야 하는 이유와도 직결된다.

학습 만화도 좋을 것이라는 착각

문학 강세 속에서 서강대와 이화여대는 만화·웹툰 단행본의 대출 비중이 높아 눈길을 끌었다. 서강대의 경우 10위권 중 6권이 만화였다. 1위는 127건 대출된 『조선왕조실록: 대하역사만화』(박시백, 휴머니스트)였다. 이어 『슬램덩크 : 완전판 프리미엄』(이노우에 다케히코, 대원), 『식객』(허영만, 김영사), 『신과 함께』(주호민, 애니북스) 등이 각각 2, 5, 7위를 기록했다. 이화여대도 『조선왕조실록 : 대하역사만화』가 229건으로 1위를 차지했고, 『미생』(윤태호, 위즈덤하우스), 『식객』이 각각 2, 5위를 차지했다.

-2014. 10. 14. 교수신문

이 기사를 보면 알겠지만 우리나라 상아탑이라 불리는 명문 대학들의 독서 수준을 알 만하다. 만화, 판타지, 무협지 등이 대출 상위에 랭크된 것은 한두 대학의 문제에 그치지 않는다. 좀 낫다는 대학도 대부분 대출 상위에 랭크된 책은 문학에 쏠려 있다. 대학생들이 정작 읽어야 할 인문과학이나 사회과학책은 좀처럼 찾아보기 힘든 것이 현실이다. 상황이 이렇다 보니 일부 대학 도서관에서는 만화책이나 판타지, 무협지류는 도서 신청 목록에서 제외시킬 정도라고 한다.

그렇다면 초등학생들은 어떨까? 대학생과 크게 다르지 않다. 흥미 위주의 독서에 빠져 있다. 『내일은 실험왕』 시리즈, 『마법 천자문』 시리즈, 『Why?』 시리즈, 『Who?』 시리즈, 『먼나라 이웃나라』 시리즈, 『코믹 메이플 스토리』 시리즈……, 이 책들은 어린이책들 중에서 서점가에서 가장 많이 팔리는 책이자, 각 지역의 어린이 도서관에서 가장 많이 대출되는 책 목록이다. 모두 만화책이라는 공통점이 있다. 우리 아이들이 얼마나 흥미 위주의 독서에 빠져 있는지를 쉽게 알 수 있다.

만화책은 책 읽기의 재미를 가르쳐 주고 사실 위주의 지식을 습득하는 데에는 유용하지만 권장할 만한 책은 아니다. 그럼에도 현재 아이들의 책 시장을 점령한 것은 다름 아닌 만화책이다. 나는 점심시간이면 가끔 학교 도서관을 찾곤 한다. 많은 아이가 편한 자세로 앉아 책을 열심히 읽고 있어 흐뭇한 마음이 들곤 하는데, 자세히 살펴보면 십중팔구는 만화책을 읽고 있다. 학급에서도 자유 독서 시간을 주면 서로 만화책을 차지하려고 쟁탈전이 벌어지곤 한다. 우리 아이들의 이런 만화 편중 현상에 대해 교사, 학부모, 출판사, 도서관 모두가 한 번 심각하게 고민해 봐야 하는 건 아닐까.

만화책뿐만이 아니다. 『해리 포터』 시리즈와 같은 판타지책도 만화책 못지않게 인기가 높다. 판타지책의 중독성은 만화책보다 강해서 읽을수록 중독된다.

아이들이 만화책과 판타지책에 빠져드는 이유는 어휘력과 이해력 부족하기 때문이다. 호흡이 길거나 행간을 읽어야 하는 책은 읽기 어려워서 자연스럽게 이런 책에 빠져드는 것이다.

물론 아이들의 특성도 있지만 현실에 대한 욕구불만이 원인이 되기도 한다. 아이가 지나치게 판타지에 심취해 있다면 자신의 열등감이나 불만을 해소하고 대리 만족의 수단으로 여기고 있는 것은 아닌지 점검해 봐야 한다.

이것도 책이니까 안 읽는 것보다 낫다고 생각할지 모르겠다. 이런 종류의 도서는 이야기가 재미있어 빨리 읽히지만 책을 읽고 나면 아무것도 생각나지 않는다. 등장인물의 이름이나 사건도 잘 기억나지 않는다. 문제는 줄거리 읽기에 익숙해지면 책을 대충 읽는 습관이 생긴다는 것이다. 이런 습관이 붙으면 나중에는 정독이 힘들어지고 재미없어 보이는 책은 거들떠보지 않게 된다. 그러면 복잡한 사고를 싫어하는 단순한 사람이 되기 쉽다.

게다가 아직 어리기 때문에 이야기 속의 세상과 현실을 구분하지 못하는 경향이 있다. 따라서 지나치게 판타지책이나 만화책에 빠져들 경우 현실 생활이 힘들고 어려워질 수 있다. 반드시 부모가 도서 권수를 제한한다든지 다른 분야의 도서들과 균형 있게 읽을 수 있도록 도와줘야 한다.

많은 사람이 읽으니 좋을 것이라는 착각

어린이 분야에서는 유독 밀리언셀러가 많다. 『만화로 보는 그리스로마 신화』, 『해리 포터』 시리즈는 이미 1,000만 부를 넘어 2,000만 부를 향해 달려가고 있다. 이 외에도 『마법 천자문』, 『코믹 메이플 스토리』, 『서바이벌 만화 과학 상식』, 『괭이부리말 아이들』, 『나쁜 어린이 표』 등은 대표적인 밀리언셀러다. 우리나라 초등학생 수가 400만 명이 안 되는 현실을 감안할 때 책 한 권이 100만 부 이상 팔린다는 것은 정말 대단한 일이다.

이런 밀리언셀러들이 나올 수 있는 이유는 우리 아이들이 베스트셀러 위주로 독서하고 있기 때문이다. 혹자는 베스트셀러를 '평상시에 책을 읽지 않는 사람들이 읽는 책'이라고 정의하기도 한다. 평소 책을 멀리하던 아이들도 책을 읽게 유도한다는 측면에서 베스트셀러는 분명 의미가 있을 것이다. 그런데 앞에서 소개한 밀리언셀러들을 보면 만화책, 판타지책, 창작 동화에 치우쳐 있음을 단번에 알 수 있다.

과연 이런 베스트셀러에 치우친 독서가 바람직한 것일까? 최근 10여 년 동안 폭발적으로 팔린 베스트셀러들이 50년이 지난 뒤에도 아이들에게 사랑받을까? 만약 50년이 지난 뒤에도 꾸준히 독자들에게 사랑받고 있다면 정말 좋은 책이리라.

하지만 대부분의 베스트셀러는 수명이 그리 길지 못하다. 출간 당시 반짝 인기를 얻다가 몇 년도 되지 않아 사장되는 책이 상당히 많다. 베스트셀러는 마케팅의 힘에 의해 탄생하는 경우가 많은데 마케팅이 책의 힘까지 높여 주지는 못한다. 그래서 초반에 엄청난 인기를 끌었던 책들도 몇 년 후 사라지는 것이다.

내용에 힘이 있는 책은 출간 직후에는 별로 주목받지 못하더라도 시간이 지나면서 스테디셀러로 자리 잡는다. 스테디셀러는 시간이 지나도 변하지 않는 주제와 이야기를 품고 있다.

즉 책의 판매량과 내용은 비례하지 않는다. '다른 아이들은 모두 읽었는데 우리 아이만 몰라서 뒤처지는 건 아닐까?' '베스트셀러니깐 좋은 책일 거야.'라는 생각은 앞으로 버리길 바란다.

아이가 책을 통해 깨달음을 얻고 배우기 위해서는 좋은 책을 읽어야 한다. 유행은 지나가지만 가치는 남는다. 아이에게 바람처럼 왔다 사라지는 책이 아닌 '오래도록 남을 가치 있는 책'을 읽혀야 한다. 이를 위해서는 부모의 책 고르는 안목이 무엇보다 중요하다.

초등 아이에게 적합하지 않은 책 읽기 방법

요즘 부모들은 대단히 똑똑하다. 독서 교육에 대한 정보와 지식이 상당하여, 책은 무조건 많이 읽어야 좋은 것이라고 생각하지 않는다. 그러나 그런 독서 인식 개선과 달리 여전히 다독이 평가 기준이 되거나 강요되기도 한다.

내가 근무하는 학교에서도 '다독상'이라는 상을 준다. 한 명이라도 더 많은 아이가 책을 즐기고 더 많이 읽기를 바라는 마음에 동기 부여 차원에서 마련된 제도다. 많이 읽는 아이는 고학년이라도 1년에 100권 이상을 읽는다. 저학년의 경우는 300권 이상은 읽어야 다독상에 명함을 내밀 수 있는 수준이다. 정말 무섭게 책을 읽는다. 하지만 이런 아이들의 독서를 들여다보면 책을 읽는다기보다 빨아들이고 흡입하는 것에 가깝다. 그래서 이들을 독서 진공청소기라고 부른다.

일견 안 읽는 것보다 많이 읽는 것이 더 나아 보인다. 하지만 다독과 속독에 치우친 독서 습관은 결코 바람직하지 않다. 책을 흡입하듯 읽어 치우는 아이들은 책을 읽으면서 얻을 수 있는 즐거움을 만끽하기도 전에 책장을 덮어 버린다. 이런 경험이 반복되면 어느 순간 책에 대한 흥미가 급격히 떨어진다.

다독과 속독을 즐기는 아이들은 두 가지 부류로 나뉜다. 책을 정말 좋아해서 자연스럽게 습관이 된 경우와 외부적인 요인에 의해 습관이 된 경우다. 바람직한 모델인 전자에 비해 후자는 반짝 독서가가 될 확률이 높다. 후자는 부모나 환경적인 요인이 크다. 부모가 책을 빨리, 많이 읽을 때마다 좋아하는 모습을 보이면 아이는 부모의 기대에 부응하기 위해 노력한다. 게다가 각종 독서 대회들은 이를 더욱 부추긴다. 이때 아이가 평소 흥미와 재미 위주의 독서를 했다면 속독은 자연히 습관이 된다.

이렇게 양적인 독서에 치우치다 보면 깊이 있는 책 읽기가 힘들어지고 독서를 통해 얻을 수 있는 깊은 사고력과 창의력과는 점점 멀어진다. 독서는 얼마나 빨리 그리고 많이 읽느냐가 아니라 '무슨' 책을 '어떻게' 읽느냐가 중요하다. 따라서 어렸을 때부터 가급적 한 권의 책이라도 정독하는 습관을 길러 주는 것이 바람직하다.

다독은 아이들 특성과도 부합하지 않는다. 초등 아이들은 구체적 조작기에 해당된다. 이 시기에는 독서보다 직접적인 체험과 다양한 경험이 중요하다. 따라서 독서에 빠져서 이를 등한시한다면 발달에 필요한 자극과 경험이 부족해 오히려 뒤처진다.

다독이 소유 가치를 높이는 것이라면 정독은 존재 가치를 높이는 것이다. 우리는 보다 많은 것을 소유하기 위해 노력한다. 그런데 이런 소유욕의 잘못된 가치관이 독서에도 파고들어 많이 읽을수록 좋다고 착각하게 한다. 사실은 그렇지 않다. 소유 가치와 존재 가치가 다른 것처럼 아무 책이나 다독하는 것과 좋은 책을 정독하는 것은 별개임을 알아야 한다. 책 선정은 신중히 하고 선정된 책은 정독해야 한다. 문제는 어떤 책을 선정해서 어떻게 읽을 것이냐다.

> "책을 읽을 때는 반드시 한 가지 책을 습득하여 그 뜻을 모두 알아서 완전히 통달하고 의문이 없게 된 다음에야 다른 책을 읽을 것이요, 많은 책을 읽어서 많이 얻기를 탐내어 부산하게 이것저것 읽지 말아야 한다."
>
> – 이이 『격몽요결』 중에서

조선시대 최고의 학자였던 이이의 독서 지침을 되새겨 보는 건 어떨까?

아이가 읽어야 할
책을 고르는 새로운 기준

the great book

"책을 선택할 때는 친구를 선택하듯 하라."는 말이 있다. 책은 친구 이상으로 중요하므로 그만큼 신중하게 선택하라는 의미다. 한 권의 좋은 책은 사람의 인생을 바꿔 놓기도 한다. 데카르트는 "좋은 책을 읽는 것은 과거의 가장 훌륭한 사람과 대화하는 것과 같다."고 말하기도 했다.

그렇다면 어떤 책이 좋은 책일까? 좋은 책의 기준은 사람마다 다르고 시대나 지역에 따라 다를 수 있다. 그럼에도 불구하고 공통점이 있으니 이를 유념하여 책을 골라 주도록 하자.

책장을 자주 덮게 하는 책

독서의 가장 큰 효과는 생각하는 힘을 길러 주는 것이다. 하지만 모든 책이 그런 것은 아니다. 그렇다면 어떤 책을 읽어야 할까? 바로 책장을 여러 번 덮게 만드는 책이다. 이게 무슨 소리인가 싶을 것이다. 책을 좋아하는 사람이라면 깊은 감동과 공감에 휩싸여 순간적으로 책 읽기를 멈춰 버리는 경험을 해본 적 있을 것이다. 책장을 덮고 글이 선사하는 감동에 몸을 맡기고, 그 구절을 다시 음미하며 깊은 생각에 빠져든다. 이러한 순간들은 읽는 이로 하여금 깨달음과 함께 내면적인 변화와 성숙을 선사한다.

"당신에게 가장 필요한 책은 당신으로 하여금 가장 많이 생각하게 하는 책이다."라는 마크 트웨인의 말은 어떤 책을 읽어야 하는지 잘 제시해 준다.

나는 『논어』를 읽을 때마다 이러한 순간들과 조우하곤 했다. 가슴에 와닿는 구절을 발견하면 더 이상 읽을 필요성을 느끼지 못하고 그날은 그 구절을 묵상하며 보냈다. 어느 구절은 나의 삶을 반성하게 만드는가 하면 어느 구절은 비전에 사로잡히게 했다. 그리고 묵상을 할 때마다 내 안의 놀라운 에너지가 용솟음치는 것을 느꼈다.

이는 어른만이 아니다. 반 아이들과 『논어』를 읽다 보면 여기저기 "캬아~!" 하는 감탄사가 들려온다. 어떤 아이는 마음에 드는 구절을 책상에 적어 놓기까지 한다. 『논어』라는 책이 왜 수천 년 동안 사람들의 사랑을 받아 왔는지 알 수 있다. 남녀노소 관계없이 많은 생각과 감동을 주는 책인 것이다.

반면에 어떤 책은 다 읽을 때까지 책장을 한 번도 덮지 않는 경우가 있다. 이는 별다른 생각이나 감동 없이 읽었다는 의미다. 이런 책들의 특징은 글의 호흡이 너무 짧거나 흥미 위주의 이야기인 경우가 많다. 또한 단순한 지식이나 정보를 제공하는 책일 확률이 높다. 아이들은 이런 책을 대단히 좋아한다. 물론 이런 책을 전혀 안 읽힐 수는 없지만 지나치게 이런 책만 읽히는 것은 곤란하다. 특히 책 읽기를 싫어하는 아이일수록 더욱 문제가 될 수 있다.

책 읽기의 효과는 독서 중에 얻은 여러 생각과 감동에서 온다는 것을 명심해야 한다.

부모의 한 권의 책

아이 문제에서만큼은 소신을 지키는 게 대단히 힘들다. 특히 누군가의 자식 자랑 이야기, 교육 자랑 이야기를 듣다 보면, 그 앞에서는 내색 못하지만 묘한 경쟁심과 불안감에 휩싸인다. 그리고 이는 고스란히 아이에게로 쏟아진다. 독서 역시 마찬가지다. 평소에 소신껏 독서 교육을 시키던 부모도 다른 집 부모의 자랑을 듣고 나면, 그 집에서 읽혔다는 책을 안 사곤 못 배긴다.

과연 아이는 그렇게 산 책을 제대로 읽고 소화해 낼까? 물론 다른 아이가 하는 것을 우리 아이가 안 하면 뒤처지는 것 같은 기분이 들 수 있다. 하지만 아이 교육에서 제일 중요한 것은 부모의 줏대다.

다시 강조하지만 많은 책을 읽는 것이 중요한 게 아니라, 무슨 책을 어떻게 읽느냐에 집중하길 바란다. 만약 어떤 책이 좋은지 판단이 안 선다면, 여러 말에 이리저리 휘둘리는 팔랑귀 부모라면, 지금 당장 자신의 책장을 살펴보길 바란다. 자신이 어렸을 때 읽고 감동을 받은 책, 너무 좋아서 차마 버리지 못한 책들이 있을 것이다. 그 책들 중에 한 권을 골라 아이에게 읽혀 보라. 시대가 다르다고 하지만, 좋은 책은 시대를 불문하고 읽는 이에게 깨달음과 감동을 주는 법이다.

아이들과 『논어』를 읽을 때였다. 아이들에게 책을 준비해 오라고 했더니, 대부분의 아이가 새 책을 구입해서 가져왔다. 그런데 그중에 한 아이가 누렇게 변색된 책을 가져온 것이다. 무슨 책이냐고 물었더니 긍지에 가득 찬 표정으로 자기 아빠가 대학 때 읽은 책이라고 답했다. 20년이 훨씬 지나 비록 새 책에 비해 초라하고 낡았지만 아이는 아빠와 같은 책을 공유함으로써 아빠와의 유대감도 쌓고 존경심도 가지게 된 듯했다.

책을 읽고 난 뒤의 감동과 깊은 여운에 버리지 못하고 계속 가지고 있는 도서야말로 좋은 책이라고 할 수 있다. 특히 그중 내 아이에게 권하고 싶은 책이 있다면 그것보다 좋은 책은 없을 것이다.

물론 아이의 수준에 비해 어려운 책일 수도 있지만 부모가 먼저 읽

은 책이니 적절히 엄선하여 권할 수 있을 것이다. 읽었는지조차 기억
도 안 나는 수많은 책을 읽히는 것보다 읽을 때는 좀 힘들더라도 평
생 기억에 남을 수 있는 책을 읽혀야 한다.

아이에게 질문해 보라. 평생 간직하고 싶거나 나중에 커서 자신의
자녀에게 읽히고 싶은 책이 있냐고 말이다. 이때 자신 있게 몇 권의
책을 꼽을 수 있다면 독서를 제대로 하고 있다고 생각해도 좋다.

아이를 사람으로 만들어 주는 책

아이들에게 책을 읽는 이유에 대해 물어보면 다음과 같은 답변이
많다.

"머리가 좋아지니까요."

"공부를 잘할 수 있어서요."

"엄마가 읽으라고 하고, 읽으면 좋아하니까요."

아이들의 답변을 듣다 보면 요즘 책 읽기는 너무 수단화되었다는
생각이 많이 든다. 이렇게 책이 수단화된 것은 부모의 책임이 크다.
그냥 책이 좋아서 책을 읽는 아이는 찾아보기 힘들다. 당연히 훌륭한
사람, 올바른 사람이 되고 싶어 책을 읽는다는 아이들은 눈을 씻고
찾아봐도 보기 힘들다. 책 읽기의 목적이 얼마나 왜곡되었는지를 잘
알 수 있다.

우리 사회는 지금 심각하게 병들어 있다. 자본주의 경제 아래 약육강식과 적자생존이 판친다. 이런 사회 분위기 속에 우리 아이들도 자유로울 수 없다. 친구를 이겨야 내가 잘되는 약육강식적 사고를 강요당하고 끝없는 상대평가에 짓눌린다. 노력한 사람만 살아날 수 있다는 그럴듯한 구호로 포장한 적자생존식 사고에 자신도 모르게 젖어들어간다. 이런 환경 속에서 우리 아이들이 온전히 자랄 수 있다고 누가 말할 수 있을까.

그래서일까. 아이들이 꿈꾸는 삶의 목표도 어른들과 크게 다르지 않다. 우리 어른들이 삶에서 추구하는 것은 무엇일까? 아마도 돈, 권력, 쾌락에서 크게 벗어나지 않을 것이다. 이런 것들이 행복을 가져다줄 것이라 믿고 이를 추구하며 살아간다. 아이들은 그런 어른들의 모습을 고스란히 배운다.

맹자는 『맹자』 고자 상편에서 "사람들이 닭이나 개가 없어지면 열심히 찾으면서 자기 마음을 잃어버리고서도 찾을 줄 모른다."고 말했다. 맹자의 안타까움이 이 시대 우리에게 더욱 절절하게 다가오는 이유는 무엇일까? 맹자의 지적대로 우리는 어른, 아이 할 것 없이 마음을 잃어버렸다. 우리들의 이 잃어버린 마음은 어떻게 해야 회복할 수 있을까.

고전을 접하면 아이들이 달라진다. '이렇게 살아도 되는 걸까?' '나도 뭔가 가치 있는 삶을 살고 싶다.'와 같은 고민을 하기 시작한다. 이런 고민을 하기 시작한다는 것은 자신을 성찰하며 훌륭한 사람이 되고자 노력한다는 의미다. 이는 곧 마음이 회복되고 있음을 뜻한다.

바른 선택을 도와주는 책

인생은 선택의 연속이다. '무엇을 마실까?' '어디 놀러 갈까?'와 같은 아주 기본적인 선택에서부터 '내 꿈은 무엇일까?' '어떻게 살아갈 것인가?' 하는 중대한 선택에 이르기까지 우리의 삶은 선택의 연속선 위에 놓여 있다고 해도 과언이 아니다. 그리고 그 선택들이 사람의 인생을 뒤바꿔 놓기도 한다. 그만큼 선택은 중요한데, 이에 가장 큰 영향을 미치는 것이 '가치관'이다. 가치관은 판단의 기준이 되므로 무엇보다 올바른 가치관의 확립이 중요하다.

어릴 때는 부모의 가치관이 아이에게 상당한 영향을 미치지만 커가면서 친구의 영향이 커진다. 타인에 좌우되는 것은 때때로 도움이 되기도 하지만, 그만큼 위험한 것도 없다. 아이 스스로 자기만의 가치관을 쌓을 수 있도록 해야 한다. 이를 위해 가장 좋은 것은 바로 책이다. 한 권의 책은 개인의 삶뿐 아니라 국가와 민족 더 나아가서는 온 세계를 바꿔 놓기도 한다.

아이들에게 『명심보감』, 『소학』과 같은 인문 고전이나, 『백범일지』, 『난중일기』와 같은 위인들의 자서전 등을 읽히고 나면 태도가 사뭇 달라진다. 이런 책들은 아이들의 가치관을 형성하는 데 직접적이고 결정적인 역할을 한다. 특히 인문 고전은 인생 지침서 역할을 해주고, 자서전은 위인들의 품성, 인격, 정신력, 애국심 등이 잘 드러나 읽는 사람에게 강한 영향력을 미친다.

요즘 아이들은 물질주의와 쾌락주의가 만연한 사회 속에서 살아간다. 어려서부터 올바른 가치관을 가르쳐 주지 못한다면 말초적이고 눈에 보이는 것만 좇는 어른이 될 수도 있다. 따라서 가치관의 뼈대를 만드는 초등학교 시기, 고전읽기를 통해 이를 올바르게 이끌어 줘야 한다.

좋은 책의 기준이 되어 주는 책

지금까지 좋은 책의 조건을 언급했지만, 이 외에도 '비전을 제시하는 책', '닮고 싶은 사람이 등장하는 책', '품위 있는 어휘와 문장으로 이루어진 책' 등을 들 수 있다. 그러나 좋은 책의 조건을 아무리 늘어놓는다고 해도 결국 고전을 넘어서지 못한다. 고전은 좋은 책의 조건을 총망라하고 있기 때문이다. 고전은 좋은 책의 기준을 제시한다. 엄밀히 말하면 고전이 좋은 책의 범주에 들어가는 것이 아니라 좋은 책이 고전의 범주에 들어간다고 보는 것이 맞다.

또한 고전은 베스트셀러가 아니라 스테디셀러다. 고전은 짧게는 수십 년, 길게는 수천 년 전에 출간되었지만 지금도 꾸준히 읽히고 있다. 아무리 수백만 독자에게 사랑을 받은 책이라도 10년 후에는 절판되기 일쑤다. 하지만 고전은 변하지 않는 진리와 이야기로 해가 거듭될수록 더욱 주목받는다. 인류의 보편적 가치를 담고 있기 때문에 나라와 인종, 세대를 초월하여 사랑받는다.

고전은 일반 책에서는 얻을 수 없는 내용과 비교할 수 없는 깊이를 담고 있다. 문학 고전은 인간의 마음에 대해 알려 주고, 철학 고전은 인간의 생각을 가르쳐 준다. 그리고 역사 고전은 삶의 양상을 보여준다. 이는 고전이 본질을 다루기 때문이고 본질이야말로 모든 이야기의 근본이 되는 텍스트라고 할 수 있다.

고전의 이러한 특성들 때문에 고전을 읽은 사람들은 인생의 터닝포인트나 새로운 기회를 발견할 확률이 높다.

편견을 버리면 고전이 쉬워진다

the great book

우리는 최신 베스트셀러는 읽지만 고전은 잘 읽지 않는다. 이런 모습을 꼬집는 사례가 있어 하나 소개하고자 한다.

어느 대학생이 저명한 교수에게 요즈음 한창 인기를 얻고 있는 베스트셀러를 읽어 본 적이 있느냐고 물었다. 그 교수가 읽지 않았다고 답하자 그 대학생은 출간된 지 3개월도 넘었으니 꼭 읽어 보라고 말했다. 그러자 이번에는 그 교수가 단테의 『신곡』을 읽어 봤느냐고 물었다. 그 대학생이 안 읽었다고 답하자, "나온 지 600년이나 되었으니 얼른 읽어 보게."라고 말했다.

베스트셀러는 읽으면서 고전을 멀리하는 이유는 고전에 대한 여러 가지 편견 때문이다. 누군가 '고전이란 늘 읽어야겠다고 생각하지만 결국 못 읽는 책', '고전은 누구나 제목은 알고 있지만 누구도 잘 읽지 않는 책'이라고 정의 내린 것을 보았다. 고전에 대한 우리의 편견을 잘 드러낸 정의라고 하겠다.

이러한 고전에 대한 편견은 고전읽기와 더욱 멀어지게 만든다.

편견 1 : 고전은 아이가 읽기 어렵다

대부분 고전은 좋지만 어려운 책이라고 생각한다. 그래서 어른이 읽기에도 버거운 고전을 아이들에게 읽히는 것은 무리라고 말한다. 이 말에 일정 부분 동의하지만 고전에는 여러 종류가 있다. 아주 어려운 고전도 있지만, 아이들이 충분히 읽을 수 있는 고전도 많다. 사람들이 고전을 어렵게 느끼는 것은 생소하기 때문이 아닐까.

아이들은 어른들의 짐작보다 의외로 수준이 높다. 다음은 6학년 아이가 『톨스토이 단편선』이라는 책을 읽고 쓴 글이다.

✎ 난 태어나서 한 번도 고전을 읽어 보지 않았다. 나에게 고전은 길고 어렵고 지루한 책이었다. 하지만 『톨스토이 단편선』을 읽고 나의 생각이 달라졌다. 고전은 정말 재미있고 감동적이다. 이 책을 읽기 전에는 그냥 뭐 책이겠지 하고 생각했다. 더구나 400쪽이나 되어 어떻게 다 읽을까 걱정을 했었다. 하지만 첫 작품인 「사람은 무엇으로 사는가?」를 읽고부터 고전이 재미있다라는 생각이 들기 시작했다. (후략)

심지어 이 글을 쓴 남자아이는 『톨스토이 단편선』을 읽기 전까지는 제대로 된 문학 작품조차 읽어 본 적이 없었다. 이런 아이가 러시아의 대문호인 톨스토이 작품을 읽고 재미를 느낀 것이다. 물론 처음에는 힘들어했지만 읽는 사이 점점 빠져드는 모습을 보였다. 나중에는 다른 어떤 아이들보다 재미있어했고 완독 후에는 이렇게 두꺼운 책을 자신이 읽었다는 사실에 굉장히 뿌듯해했다.

우리가 생각하는 것처럼 고전은 어렵지도 고리타분하지도 않다. 아이들이 범접하지 못할 정도의 책도 아니다. 고전은 누가 읽어도 쉽지 않지만 누구나 읽을 수 있는 책이다.

조선시대를 생각해 보라. 서당의 어린 학동과 나라를 경영하는 원로대신들이 『대학』, 『소학』, 『논어』를 함께 읽으며 학문했다. 이처럼 고전은 누구나 읽을 수 있는 책이다. 다만 읽고 이해하는 깊이가 나이에 따라 다를 뿐이다. 중국의 소설가이자 평론가인 린위탕은 "청년으로서 글을 읽는 것은 울타리 사이로 달을 바라보는 것과 같고, 중년으로서 글을 읽는 것은 자기 집 뜰에서 달을 바라보는 것과 같으며, 노년에 글을 읽는 것은 발코니에서 달을 바라보는 것과 같다."라고 말했다. 연령에 따라 책 읽기의 깊이와 체험이 다름을 피력한 말이다.

초등학생이 읽는 『명심보감』과 어른이 읽는 『명심보감』은 그 이해의 폭이나 깊이가 다를 수밖에 없겠지만, 고전이 주는 깨달음의 깊이는 다른 도서의 추종을 불허한다.

편견 2 : 고전은 특별한 사람이 읽는 책이다

고전에 대한 또 한 가지 편견은 특별한 사람이나 읽을 수 있고 읽는 책이라는 생각이다. 정말 고전은 머리가 좋거나, 학력이 높거나, 심오한 진리를 추구하는 특별한 사람이나 읽는 책일까? 고전읽기로 유명한 철학자 존 스튜어트 밀은 자서전에서 "나의 지적 능력은 평균 이하로 그 이상은 결코 아니었다. 평범한 지적 능력, 평범한 신체 능력을 가진 사람이라면 누구나 내가 받았던 고전읽기 교육을 성공적으로 해낼 수 있다."라고 고백했다. 밀의 고백처럼 고전은 특별한 사람만 읽는 책이 아니라 지극히 평범한 사람과 아이도 읽을 수 있는 책이다. 오히려 평범한 사람이 고전을 읽으면 특별한 사람이 될 수 있다. 자녀를 특별한 사람으로 만들고자 하는 사람은 고전을 읽히면 되는 것이다.

편견 3 : 고전은 내용을 이미 알고 있는 책이다

『제인 에어』,『지킬 박사와 하이드』,『국가론』,『부활』,『논어』,『소학』와 같은 고전의 이름 정도는 누구나 알고 있다. 조금 더 관심 있는 경우 내용이나 줄거리까지 알고 있는 사람도 많다. 문제는 이처럼 제목이 너무 익숙하고 내용도 이미 알고 있는 경우가 많아서 굳이 읽을 필요가 없다고 생각한다는 점이다. 사람들은 주변 사람이 극찬한 영화는 내용을 이미 들었어도 보고 싶어 한다. 자신이 직접 영화의 감동과 재미를 느끼고 싶기 때문이다. 반면 영화보다 더 많은 감동을 주는 고전은 내용을 알기 때문에 읽고 싶어 하지 않는다.

단지 제목이나 줄거리를 안다고 그 책을 안다고 할 수 없음에도 사람들은 고전에 대해서 이런 착각을 많이 한다. 읽지 않았으면서도 워낙 많이 들었기 때문에 안다고 착각하는 것이다. 이런 현상은 유명한 고전일수록 더욱 심하다.

영국 철학자 화이트헤드는 "서양 철학은 플라톤의 철학에 대한 주석에 불과하다."라고 말했다. 화이트헤드가 동양 철학을 알았다면 이런 말을 했을 것이다. "동양 철학은 공자의 철학에 대한 주석에 불과하다."라고 말이다. 실제로 이제까지 『논어』와 관련된 책이 3,000여 권이나 출간되었다고 한다. 우리는 주석에 불과한 수만 권의 책들은 열심히 읽으면서 정작 주석의 대상인 고전은 읽지 않는다. 어느 정도 안다고 착각하면서 말이다.

줄거리를 안다고 그 책을 안다고 할 수 없다. 책이 줄거리만 알아도 되는 것이라면, 그 책의 보도자료만 봐도 되지 않을까?

편견 4 : 외국 고전이 우리 고전보다 우수하다

『격몽요결』,『동몽선습』,『목민심서』,『삼국사기』,『징비록』을 아는 가? 외국 고전에 비해 우리 고전에 무심한 사람들이 많은데 정말 안타까운 노릇이다. 우리의 주옥같은 고전들이 일제 강점기와 전쟁, 독재 정권을 거치면서 근대 교육이라는 미명 아래 많이 사라지고 접하기 힘들게 되었다. 이로 인해 우리 고전이 낯설고 보잘것없는 것으로 여겨지게 되었다. 특히 한글 전용 교육은 이러한 현상을 더욱 부추겼다. 더욱이 고전을 현대적으로 번역하는 작업을 등한시하고 게을리한 결과 수많은 고전이 박물관이나 서고에 묻히게 되었다.

우리의 것보다 남의 것을 더 대단하게 보는 사대주의가 고전에도 만연해 있다. 대학에서는 중국의 역사책인『삼국지』나『사기열전』은 열심히 읽히면서 우리의 역사책인『삼국사기』나『조선왕조실록』은 읽히지 않는다. 플라톤의『국가』는 읽히면서 이에 견줄 만한『목민심서』는 읽히지 않는다.『조선왕조실록』은 세계기록유산에 등재된 세계가 인정한 책이며,『목민심서』는 베트남에서 가장 위대한 지도자로 추앙받는 호치민이 전쟁 중에도 항상 가슴에 품고 다니면서 읽은 책이다.

임진왜란 당시의 모습을 담아낸 유성룡의『징비록』은 출간된 후 조선 조정에 의해 400년간이나 금서로 지정되어 어느 누구도 읽지 못했다. 아이러니하게도 이 책은 일본으로 유출되어 일본 지식인들

사이에 널리 읽혔고 중국에까지 넘어가 동아시아 베스트셀러가 되었다. 뿐만 아니라 2003년에 영문으로 번역된 후, 미국 UC버클리 대학, 미시간 대학, 볼스테이트 대학에서 교재로 채택되어 사용되고 있다. 우리에게는 오랜 시간 동안 금서로 지정되고 제목도 생소한 책이 인근 국가에서뿐만 아니라 미국 학생들까지 읽고 있는 것이다. 지금부터라도 우리 고전에 관심을 갖고 익숙해졌으면 한다.

편견 5 : 어린이용 고전을 읽혀야 한다

초등학생과 청소년을 위해 많은 고전이 축약되고 재구성되어 출간되고 있다. 만화로 된 고전도 있어 어린이들도 쉽게 접할 수 있게 되었다. 이런 책들은 아이들이 고전 작품에 친숙해지는 데 도움을 주지만 추천하고 싶지는 않다. 원전의 맛을 제대로 느끼지 못할 뿐 아니라 이미 안다고 간주해 원전을 읽지 않게 만들기 때문이다.

어린이 눈높이로 출간된 고전들은 원전의 일부분만 요약해 소개하고 있기 때문에 줄거리는 원작과 비슷하지만 원전 본연의 색이나 강점은 사라지고 일반 창작 동화 같은 느낌을 준다. 이런 작품은 엄밀히 이야기하면 엮은이가 저자가 되는 셈이다. 이는 고전을 읽으면서 지적 능력을 발달시킬 기회를 빼앗는 것이나 다름없다.

예를 들어 『제인 에어』를 집필한 샬럿 브론테는 850쪽에 달하는 자신의 책이 200쪽 정도의 축약본으로 만들어지리라고는 상상도 하지 못했을 것이다. 이것은 마치 2시간짜리 영화를 30분 정도로 편집해서 보는 것과 같다. 2시간짜리 원작의 감동이 30분으로도 충분히 전달된다면 감독이나 관객 중 분명 한쪽에 문제가 있는 것이리라.

고전은 특별한 경우를 제외하고는 '온전한 책(Whole book)'으로 읽어야 한다. 여기서 말하는 온전한 책이란 내용을 축약시키지 않은, 원전 그대로의 책을 의미한다. 원전만이 줄 수 있는 사고와 상상의 공간이 있다. 원전을 읽어야만 작가가 전하고자 하는 숨은 뜻을 온전히 이해할 수 있다. 따라서 아이들에게 고전을 읽힐 때, 어린이를 위한 고전보다는 온전한 책을 읽히길 권한다. 외국 고전의 경우는 완역된 책을 읽히고, 우리 고전은 현대 감각에 맞게 번안된 책일지언정 축약된 책은 삼가야 한다.

편견 6 : 초등학생에게 인문·철학 고전은 이르다

보통 초등학생에게 고전이라고 하면 명작 동화나 전래 동화를 떠올리기 쉽다. 나의 경험을 비추어 봐도 『비밀의 화원』, 『톰 소여의 모험』, 『구운몽』과 같은 문학 작품은 원전이라도 아이들이 쉽게 받아들인다. 개중 독서력이 제법 있는 아이들은 고전 문학을 대단히 재미있어하고 즐겨 읽기까지 한다. 이러한 이유들로 보통 아이들에게 고전을 읽힐 때는 일반적으로 문학부터 접근한다. 반면에 인문·철학 고전은 수준이 높고 어려워 아이들에게 적절하지 않다고 생각한다. 이는 다분히 어른 중심의 사고로, 어른들이 인문·철학 고전을 고루하고 어렵다고 생각하기 때문에 아이들도 그럴 것이라고 지레짐작하는 것이다.

어른들의 생각과 달리 아이들은 『명심보감』, 『소학』, 『채근담』, 『논어』, 『대화편』, 『명상록』과 같은 인문·철학 고전을 곧잘 읽어 냈다. 오히려 몇몇 아이는 어른 이상의 깨달음을 얻기도 했다. 적절한 인문·철학 고전을 선택하여 잘 이끌어 준다면 문학 고전 이상으로 잘 읽을 수 있는 것이다.

✎ 제목 : 인(仁)의 모든 것

이번 주에는 5편 공야장부터 8편 태백까지 읽었다. 마음속에 오래 오래 새겨 두고 싶은 말들이 잔뜩 있었지만, 그중에서도 나는 5편 공야장의 11절이 가장 마음에 들었다.

자공이 말하였다. "저는 남이 저에게 하기를 바라지 않는 일을 저 또한 남에게 하지 않으려고 합니다."

공자께서 말씀하셨다. "사야, 그것은 네가 해낼 수 있는 일이 아니다."

이 말은 입장을 바꿔 생각하는 일은 공자가 그토록 예뻐하던 자공도 할 수 없을 정도로 어려운 일이라는 것을 말하고 있다. 그러나 나는 이 말을 항상 실천할 수 있는 사람이 되고 싶다. 왜냐하면 이는 곧 남에게 예의 바르게, 착하게, 정직하고 솔직하게 대해야 한다는 뜻이기 때문이다. 이 뜻은 공자가 말씀하시는 모든 인과 도의 내용을 포함하고 있어 이루기 어려울 것이다. 그러나 이왕 하기로 했으니까 끝까지 열심히 해야지! 모든 사람은 남이 나에게 잘하기를 바란다. 또한 자신의 잘못을 용서받기를 원한다. 이를 입장 바꿔 생각하면 다른 사람에게 잘하고, 좋은 말만 하고 용서도 해야 한다. 며칠 이렇게 해보니까 사람이 얼마나 이기적인 존재인지 알게 되었다. 그러니까 나만이라도 좀 더 인간다운 사람이 되도록 해야지.

6학년 여자아이가 『논어』를 읽고 쓴 일기다. 『논어』를 읽고 이 정도의 사고력과 통찰력을 가진 글을 쓸 수 있는 어른이 과연 얼마나 될까?

중요한 것은 책 선정과 읽는 방법이다. 나는 6학년 아이들에게 총 20편으로 구성되어 있는 『논어』를 하루에 한 편씩 반복해서 읽게 했다. 읽은 후에는 서로 의견을 나누고 경우에 따라서는 토론 활동을 진행하였다. 그랬더니 앞에서 소개한 일기처럼 놀라운 결과물들이 나오기 시작했다.

아이들이 인문·철학 고전을 읽을 수 없다고 속단하는 것은 금물이다. 아이들 수준은 생각처럼 그렇게 낮지 않다. 다만 그동안 인문·철학책을 접할 기회가 거의 없었기 때문에 생소하고 이질적으로 느낄 뿐이다. 익숙해지면 인문·철학책만큼 매력적인 책도 드물다. 아이들 역시 어른들과 다를 바 없이 인간의 근본적인 문제에 대해 고민한다. 인문·철학 고전은 그런 고민들에 대해 수준 높은 답변을 제시해 준다. 그래서인지 고전을 읽으면서부터 아이들이 순식간에 성장하는 모습을 많이 볼 수 있었다.

독서는 목적에 따라 지적 욕구의 충족을 위한 학습 독서, 인격 성숙이나 감성을 만족시키기 위한 감성 독서, 즐거움을 위한 오락 독서, 실용적 목적을 위한 실용 독서로 나눌 수 있다. 아이들은 평소 학습 독서, 오락 독서, 실용 독서에 치우쳐 감성 독서는 부족한 편인데 인문·철학 고전은 감성 독서의 최고봉이라 할 수 있다. 이를 읽힘으로써 바른 인격을 가질 수 있도록 이끌 수 있다.

편견 7 : 남녀 서로 다른 고전을 읽혀야 한다

내가 어렸을 때만 해도 독서는 여자아이들이나 하는 행동이라 치부하며 독서를 멀리하는 남자아이들이 있었다. 여전히 여자아이들 수준에는 미치지 못하지만 지금은 남자아이들도 독서에 열중한다.

보통 남자아이들은 또래 여자아이들에 비해 언어를 담당하는 두뇌 영역과 신경 조직이 덜 발달되어 있으며 충동적인 뇌를 가지고 있다. 이로 인해 독서 수준이 여자아이들에 비해 떨어진다.

게다가 성별은 독서 취향에서도 극명한 차이를 야기한다. 여자아이들은 문학 작품 중에서 『오만과 편견』, 『비밀의 화원』처럼 미묘한 감정과 관계 묘사가 뛰어난 작품을 선호한다. 반면에 남자아이들은 허구 세계에 대한 열망 때문에 『톰 소여의 모험』, 『허클베리 핀의 모험』, 『80일간의 세계 일주』처럼 모험과 강한 캐릭터들이 등장하는 작품에 심취한다.

그렇지만 남녀의 성별 차이가 독서 취향에 미치는 영향은 미미하다고 할 수 있다. 이보다 취미, 지적 능력, 적성, 생활 환경처럼 개인의 성향과 환경이 더 큰 영향을 미친다. 예를 들어 개성과 모험심이 강한 여자아이가 주인공인 『내 이름은 삐삐 롱스타킹』, 『산적의 딸 로냐』 등의 작품을 좋아하는 여자아이도 많다. 남자아이 역시 섬세한 감정 표현과 인간관계가 돋보이는 『빨간 머리 앤』, 『제인 에어』와 같은 문학 작품을 좋아하는 경우도 흔히 볼 수 있다.

남녀의 가장 큰 차이점은 오히려 책의 두께에 있다. 호흡이 긴 책은 확실히 남자아이들이 약하기 때문에 단편이나 단편 모음집을 선호한다.

즉 남녀에 따라 독서 배려가 필요하긴 하지만 지나치게 구애받을 필요는 없다.

편견 8 : 고전읽기도 조기 교육이 좋다

우리나라 부모들이 자녀를 망치는 이유 중 1위는 바로 '조급증'이 아닐까 한다. 뭐든지 남들보다 더 빨라야 하고 잘해야 직성이 풀리는 부모가 많다. 이런 부모들이 걸리기 쉬운 병이 바로 조급증이다.

특히 이 조급증은 다른 부분에서보다 공부에서 극명하게 드러난다. 말도 제대로 하지 못하는 아이에게 한글을 가르치고, 숟가락질도 제대로 못하는 아이에게 피아노를 가르치기도 하고, 우리말도 못하는 아이에게 영어 가르치기를 불사한다. 이는 '조기 교육'이라는 듣기 좋은 이름으로 포장되곤 하지만, 실상은 부모의 조급증이 발현된 것일 뿐이다.

고전읽기에서도 이런 조급증이 드러나곤 한다. 고전읽기에 대한 강연을 하러 가면 청중 대부분이 유치원이나 초등 저학년 부모다. 자녀의 나이가 어린 부모들은 좀 여유를 가져도 되는데, 자녀가 어릴수록 조바심을 보인다. 정작 고전읽기를 본격적으로 시작해야 하며 했을 때 효과가 가장 좋은 고학년 부모들은 거의 찾아볼 수 없다. 안타까운 현실이다.

고전읽기가 좋다 해서 이제 한글을 겨우 뗀 아이에게 고전책을 내밀다면 어떤 반응을 보일까? 책 후반부에서 자세히 언급하겠지만 저학년 때까지는 다양한 분야의 책을 폭넓게 읽다가 고학년으로 가면서 점점 고전읽기로 초점을 맞춰 가는 것이 바람직한 독서법이다. 또한 고전읽기의 가장 좋은 방법은 혼자 읽게 하는 것이 아니라 가족이 모두 다 함께 읽는 것이다. 그래야 깊이 있는 고전읽기를 할 수 있으며 오랜 시간 지속 가능하다.

　이런 점들을 무시하고 저학년 때부터 아이에게 무리하게 고전을 강요하면 시작부터 잘못된 길로 접어들 수 있다. 자칫 고전에 대한 안 좋은 선입견만 심어 줄 수 있는 것이다. 한약도 제대로 된 약발을 받기 위해서는 복용법을 철저히 지켜야 하듯 고전읽기도 효과를 제대로 보기 위해서는 부모가 고전읽기에 대한 바른 방법과 원칙을 알고 접근해야 한다.

고전의 힘

두 권의 고전으로 세계를 선도하는 민족

세계 최고의 명문 대학으로 꼽히는 하버드에 재학하고 있는 학생 중 유대인의 비율은 30%가 넘는다. 한국, 중국, 일본 세 나라의 유학생 비율을 합쳐도 4.5% 밖에 되지 않는다고 하니 그 비율이 얼마나 높은지 알 수 있다.

또 다른 명문 대학인 아이비리그의 유대인 유학생의 비율 역시 하버드 대학과 유사하다. 이뿐만 아니라 노벨상 수상자 중 30%가 유대인이다.

세계 인구의 0.2%밖에 되지 않은 유대인들이 어떻게 이런 학문적 성취를 이룰 수 있는 것일까? 원인을 여러 가지로 분석할 수 있지만 그중 하나가 바로 고전읽기다.

유대인들은 어려서부터 철저하게 『토라』와 『탈무드』를 읽으며 자란다. 읽는 수준에서 그치는 정도가 아니다. 『토라』는 다 외우는 것이 성인식을 통과하는 의례 절차다. 이 두 권은 유대인이라면 누구나 읽고 외워야 하는 민족 전체의 고전 중의 고전이다.

'던지다', '길을 가리키다'라는 뜻을 가진 『토라』는 성경의 모세 5경(「창세기」, 「출애굽기」, 「레위기」, 「민수기」, 「신명기」)을 이른다. 한편 '배움', '연구'라는 뜻의 『탈무드』는 유대교의 율법, 축제, 전통적 습관 등을 집대성한 책으로, 모두 20권으로 되어 있으며 1만 2,000여 페이지에 이른다.

유대인들은 매일 이 책들을 읽고 가족 혹은 친구들과 함께 하브루타(토론)를 한다. 토론 과정에서 부모는 끊임없이 자녀에게 질문을 끌어낸다. 이처럼 어렸을 때부터 『토라』와 『탈무드』 교육을 받은 덕분에 유대인 중에는 문맹자가 한 명도 없다는 통계가 있다. 우리는 출세하기 위해 글을 배우지만 유대인들은 『토라』와 『탈무드』를 읽기 위해 글을 배운다. 배우는 목적 자체도 완전히 다르다.

유대인들처럼 민족 전체가 같은 책을 읽는 나라는 거의 없다. 이 두 권은 유대인들을 하나로 묶어 주고 그들의 두뇌를 천재 수준으로 발달시켰다고 할 수 있다.

위인들에게 책 읽기의 시작과 끝

성공한 사람 중에는 고전을 즐겨 읽은 사람이 대단히 많다. 우리나라 역사상 가장 위대한 성군으로 추앙받는 세종대왕, 최대의 실학자이자 개혁자인 정약용, 나라 없는 민족의 설움을 딛고 우리의 자존심을 세워 준 안중근과 김구 역시 고전을 열심히 읽었다고 한다. 세종대왕은『구소수간』이라는 책을 1,000번도 넘게 읽었고, 김구는『대학』을 끊임없이 되새기며 자신의 뜻을 세웠다.

해외에도 고전에 심취한 위인이 많다. 나폴레옹은 네덜란드 인문학자 에라스무스가 극찬한『플루타르코스 영웅전』을 언제나 곁에 두고 읽었다고 한다. 저능아, 사고뭉치 취급을 받던 에디슨, 물리학자이자 천문학자, 수학자인 뉴턴이 훌륭한 위인이 될 수 있었던 것도 고전을 많이 읽은 덕분이다. 이 밖에도 고전읽기를 통해 성공한 사람은 헤아릴 수 없이 많다. 위인들에게 고전은 책 읽기의 출발점이자 도착점이기 때문이다.

고전 한 권으로 대통령이 된 사람

미국 역사상 위대한 업적을 남긴 인물이자 존경받는 대통령인 에이브러햄 링컨은 고전 한 권으로 만들어졌다고 해도 과언이 아니다.

학교 교육이라고는 불과 일 년 남짓밖에 받지 못한 그가 어떻게 세계적인 위인이 될 수 있었을까? 그것은 바로 그의 어머니의 유언에 따라 평생 고전을 읽었기 때문이다.

그가 아홉 살 때 그의 어머니는 어린 링컨에게 『성경』을 물려주며 다음과 같이 유언했다고 한다.

"내 아들아! 이 『성경』은 나의 부모님께 받은 책이다. 내가 여러 번 읽어 많이 낡았지만 우리 집의 값진 보배다. 내가 너에게 100에이커(약 12만 평)의 땅을 물려주는 것보다 이 한 권의 『성경』을 물려주는 것을 진심으로 기쁘게 생각한다. 너는 『성경』을 읽고 『성경』의 말씀대로 살아가는 사람이 되어 다오. 하나님을 사랑하고 이웃을 사랑하는 사람이 되어 다오. 이것이 나의 마지막 부탁이다."

그는 어머니의 유언을 명심했다. 훗날 링컨은 어머니를 회상할 때마다 이렇게 말했다.

"나의 오늘, 나의 희망, 나의 모든 것은 천사와 같은 어머니에게서 받은 것이다."

마침내 그가 대통령이 되었을 때, 그는 취임석상에서 『성경』을 들고 이렇게 고백했다고 한다.

"이 낡은 『성경』은 바로 어머니께서 저에게 물려주신 것입니다. 저는 이 『성경』으로 말미암아 대통령이 되어 이 자리에 서게 되었습니다. 저는 『성경』 말씀대로 이 나라를 통치할 것을 약속드립니다."

그는 그의 고백대로 『성경』에 근거하여 나라를 통치하고 가장 존경받는 미국 대통령이 되었다.

미국의 26대 대통령인 루스벨트는 "링컨 대통령은『성경』한 권으로 만들어진 사람입니다. 그분은『성경』속에서 배운 진리를 자기 실제 생활에 적용해서 자신의 일생을 더할 나위 없이 영광스러운 생애로 만들었습니다."라고 말하기도 하였다.

『성경』이라는 고전 한 권이 링컨이라는 위대한 리더를 탄생시킨 것이다. 한 권의 고전에는 이런 힘이 있다.

삼류 대학에서 일류 대학으로, 시카고 대학

미국 일리노이 주에 있는 시카고 대학은 1890년대 초 석유 재벌인 존 D. 록펠러에 의해 설립되었다. 실용 학문보다는 경제학, 정치학, 철학, 사회학과 같은 순수 학문에서 두각을 드러내며 인정받고 있다. 설립 이후 지난 100년 동안 무려 총 89명의 노벨상 수상자와 44명의 로즈 장학생(로즈 장학금 : 매년 전 세계 85명의 대학생을 선발해 옥스퍼드 대학에서 무료로 공부할 수 있는 기회를 주는 제도)을 배출했다.

오바마도 시카고 법학 대학에서 헌법학을 강의하기도 했다. 시카고 대학은 세계에서 노벨상 수상자를 가장 많이 배출한 자타가 공인하는 명문 대학이다.

하지만 처음부터 그랬던 것은 아니다. 설립 초기에는 하버드나 예일에 비해 학업 성적이 60~70%에 불과한 학생들이 입학하는 삼류 대학에 불과했다. 그러던 것이 1929년 로버트 허친슨 총장이 부임하면서 사정이 달라졌다.

허친슨 총장은 어떻게 하면 좋은 대학으로 발전시킬 수 있을까를 고민하다가 'The Great Book Program(고전 100권 읽기 운동)'이라고 하는 고전읽기 운동을 시작했다. 대학 4년 동안 『성경』, 『논어』와 같은 책을 필두로 한 고전 100권을 읽어야만 졸업을 할 수 있는 제도다.

허친슨 총장은 다음 세 가지에 유념하면서 고전을 읽게 했다.

첫째, 자신의 모델을 정하라.
둘째, 영원불변한 가치를 발견하라.
셋째, 발견한 가치에 대하여 꿈과 비전을 가져라.

학생들이 고전을 한 권 두 권 읽기 시작하면서 놀라운 변화들이 일어나기 시작했다. 공부에 관심 없던 학생들이 하나둘 밤을 새워 가며 공부하기 시작한 것이다. 어떻게 이런 일이 일어났을까? 고전이 잠자고 있던 학생들의 마음을 깨웠기 때문이다. 고전과의 만남이 깊어지면서 학생들은 닮고 싶은 멘토와 자신의 꿈과 비전을 발견해 나갔다. 그리고 이는 곧 도전과 실천의 원동력이 되었다.

이런 변화들이 시카고 대학의 오늘을 만들었다. 고전이 만들어 낸 위대한 기적이라고 할 수 있다.

중국을 호령하는 칭화 대학

동양에도 고전을 읽히는 대학이 있다. 바로 중국의 명문 칭화 대학
이다. 칭화 대학은 국립 대학으로 중국 최고의 이공계 종합 대학이라
고 할 수 있다. 이 대학은 이공계 대학임에도 불구하고 『사서삼경』,
『사기』 등 70권의 중국 고전과 『플라톤의 대화편』과 같은 30권의 서
양 고전을 읽히고 있다. 칭화 대학이 고전읽기를 강조하는 것은 다음
과 같은 세 가지 이유 때문이라고 한다.

첫째, 서양 과학을 연구하더라도 과학자는 기본적으로 '인격'을 갖추어
야 한다.
둘째, 고대 중국의 사상은 현대 과학과 깊은 연관을 맺고 있다.
셋째, 현대 과학을 연구하면서 생기는 의문은 고대 철학을 통해 답을 얻
을 수 있다.

이러한 고전읽기의 성과인지 칭화 대학은 중국 대학 종합 평가에
서 베이징 대학과 1위를 서로 겨루고 있으며, 수많은 이공계 인재와
정치 지도자를 배출하고 있다. 1957년 노벨물리학상을 수상한 리정

다오가 칭화 대학 출신이며, 현 중국 주석인 시진핑과 이전 주석이었던 후진타오도 칭화 대학 출신이다. 시진핑은 지금도 한 달에 한 두 번 정도 최고 관료들과 모여 책을 읽고 독서 토론을 하는 것으로 알려져 있다.

제대로 알아야 고전에 대한 생각이 바뀐다

똑똑한 요즘 부모도 빠지기 쉬운 독서 함정

아이가 책을 즐겨 읽는다고 무조건 좋아해서는 안 된다. 책을 정말 좋아해서 자연스럽게 다독이 습관이 된 경우는 바람직하지만, 외부적인 요인에 의해 습관이 된 경우는 위험하다. 부모가 책을 빨리, 많이 읽을 때마다 좋아했다면 아이는 부모의 기대에 부응하기 위해 노력한다. 각종 독서 대회는 이를 더욱 부추긴다. 이렇게 양적인 독서에 치우치면 깊이 있는 책 읽기가 힘들어지고 독서를 통해 얻을 수 있는 효과와는 멀어진다.

조선시대, 어린 학동과 나라를 경영하는 원로대신은 같은 책을 읽었다

고전은 좋은 책이지만 어렵다고 생각한다. 하지만 아이들은 어른들의 상상 이상으로 고전을 잘 읽는다. 조선시대 서당에서 『대학』, 『소학』 등의 책을 가르친 것을 봐도 알 수 있다. 단지 읽고 이해하는 그 깊이가 다를 뿐이다.

읽혀야 할 책이 아니라 읽어야 하는 책에 주목해야 한다

많은 부모들이 고전이 좋다는 사실은 인지하고 있다. 하지만 읽어야 하는 수많은 책에서 고전을 추가하려니 막막하기만 하다. 중요한 것은 읽혀야 하는 책이 아니라 읽어야 하는 책이다. 요즘 아이들은 필요 없는 책까지 너무 많이 읽는다. 지식과 정보는 쌓을 수 있겠지만 이를 통합하거나 활용하는 능력은 얻지 못한다.

남자아이의 고전 독서법, 여자아이의 고전 독서법

남녀의 고전읽기를 비교하며 차이를 보인다. 남자아이들은 모험과 판타지 내용을 좋아하는 반면, 여자아이들은 섬세한 감정과 관계를 묘사한 내용을 좋아한다. 하지만 남녀의 성별 차이가 고전읽기에 미치는 영향은 미미하다. 이보다 아이의 취미, 지적 능력, 적성, 생활 환경이 더 많은 영향을 미치므로, 성별을 구분하여 접근하지 않아도 무방하다.

고전은 아이들의 잠자는 거인을 깨운다

명문 시카고 대학은 설립 초기 삼류 대학에 불과했다. 하지만 허친슨 총장의 '고전 100권 읽기 운동' 이후, 공부와 담을 쌓던 학생들이 공부에 매진하는 모습을 보였다. 고전 속에서 목표와 꿈을 발견한 학생들이 도전을 시작한 것이다. 그리고 이는 89명의 노벨상 수장자와 44명의 로즈 장학생 배출이라는 결과로 이어졌다.

지독한 경쟁과 결과주의로 인해 선과 악, 옳고
그름 등이 모호해지고 있다. 이런 사회에서 인
성 교육마저 놓쳐 버린다면, 아이는 앞으로 어
려움에 부딪힐 때마다, 친구 관계가 힘들어질
때마다 마음이 부러지고 앞으로 나아갈 동력
을 잃게 된다.

아이를 지켜 줄 단단하고도 따뜻한 마음을 길
러 줘야 한다. 고전읽기를 시작하자 자신이 원
하는 모습을 찾아 아이들이 변해 갔다.

3장

8년의 기적,
따뜻하고 단단한 마음을
길러 주다

다른 사람과 어울리는
능력을 길러 준다

the great book

아이들과 고전읽기를 하다 보면 어떤 아이들에게는 그 효과가 기대 이상으로 드러나곤 한다. 이는 아이들 개개인의 독서 능력과도 밀접한 관련이 있지만 고전을 대하는 태도가 더 많은 영향을 미친다.

나는 평소 아이들에게 고전을 읽기 전이나 읽는 중간에 고전을 읽으면 어떤 점이 좋은지, 또 고전을 읽고 훌륭한 위인이 된 인물들의 이야기를 종종 들려준다. 그러면 처음에는 흥미 없던 아이들도 조금씩 관심을 보인다.

어떤 일을 시작하기 전에 그 일에 대해 긍정적인 기대감과 열린 마음을 갖게 하는 것은 일의 성패를 가른다. 2차 세계대전 중에는 약이 부족하여 가짜 약을 투여했다고 한다. 하지만 이를 진짜 약으로 믿었던 환자들은 정말 병이 나았다고 한다. 일명 '위약 효과'라고도 하는 플라시보 효과는 믿음과 확신이 실제에 어떤 영향을 미치는지 단적으로 보여 준다.

고전읽기 역시 아이와 부모 모두 충분한 이해와 확신을 바탕으로 시작하는 것이 중요하다. 고전읽기의 효과는 크게 정서적인 측면과 학습적인 측면으로 나눌 수 있다. 특히 정서에 주는 효과는 고전읽기가 줄 수 있는 가장 큰 선물 중의 하나다. 고전은 인성과 감성, 정서에 매우 긍정적인 영향을 미친다. 아이들에게 안정된 정서와 올바른 인성, 풍부한 감성이 중요하다는 것은 알지만, 초등학교 때부터 시작되는 경쟁에 소홀해지기 쉽다. 더욱이 정서(인성) 교육의 효과는 바로 드러나지 않기 때문에 공부 쪽에 올인하게 되는 경우가 많다.

여기 아이의 성공을 위해서 정서(인성) 교육에 힘써야 한다는 것을 보여 주는 연구 결과가 있다. 바로 '보스턴 40년 연구'로, 보스턴 대학의 헬즈만 교수가 7세 아이 450명을 대상으로 아이의 성장에 무엇이 결정적인 영향을 미치는지를 연구한 것이다. 선발된 아이들의 지능, 정서(인성과 감성), 부모의 사회적·경제적 지위 등을 조사한 후 40년이 지난 뒤 아이들의 모습을 살펴봤더니 흥미로운 결과가 나왔다. 450명 가운데 성공한 아이들은 지능이 높거나 부모의 배경이 좋은 아이들이 아니라, 정서 부분에서 우수한 점수를 받은 아이들이었던 것이다. 즉 감정을 잘 조절하고 타인과 어울리기를 즐기며 긍정적으로 생각하는 아이들이 훗날 존경받는 인재가 되었다.

이 연구를 통해 아이를 위한다면 정서(인성) 교육에 주목해야 한다는 것을 알 수 있다. 그리고 이는 아이들의 정서(인성) 발달에 탁월한 효과가 있는 고전읽기의 중요성을 다시금 되새겨 준다.

잔소리보다 센 고전

• 나를 돌아보면서 반성할 수 있는 계기가 되었고, 앞으로 어떻게 행동하면서 살아야 하는지, 훌륭한 사람이 될 수 있는지 그 방법을 깨닫게 되었다.

이것은 6학년 한 남자아이가 『논어』, 『소학』, 『명심보감』과 같은 고전을 읽은 뒤 받은 느낌을 적은 것이다. 사춘기에 접어든 6학년 아이들에게 누가 무슨 말을 해야 이 정도의 마음을 끌어낼 수 있을까?

아이의 정서(인성) 교육에 고전읽기만 한 것은 없다. 아무리 바른 소리라도 부모의 말은 잔소리나 설교 같지만 한 권의 고전은 아이들에게 어떻게 행동해야 하는지, 무엇이 중요한지를 자연스럽게 깨닫게 해준다.

고전 속 위인의 이야기는 특히 정서(인성) 교육에 효과적이다. 고전의 주인공은 하나같이 성실하고 정직하며 책임감과 희생정신이 강하다. 예를 들어 『나무를 심은 사람』의 주인공인 엘제아르 부피에는 황폐해진 마을 야산에 나무를 심는다. 마을 사람들은 자신들의 탐

욕을 채우려고 혈안이 되어 있는 데 반해 그는 묵묵히 나무를 심어
마을을 다시 살려 낸다.

이 이야기는 인간의 이기심과 탐욕, 환경의 소중함과 더불어 어떤
삶을 추구해야 하는지를 생각하게 만든다. 고전읽기를 시작하면 이
러한 경험들을 많이 하게 된다.

위의 글은 1학년 아이가 『아낌없이 주는 나무』를 읽고 나무에게
보낸 쪽지다. 맞춤법도 틀리고 글씨도 삐뚤빼뚤하지만 나무를 향한
고마움과 미안함이 잘 드러난다. 일상생활 속에서 그 무엇이 아이에
게 이런 마음을 선사할까?

더욱 놀라운 것은 아무리 이야기해 줘도 이해하지 못했던 것을
아이 스스로 깨닫기 시작한다는 것이다. 다음의 일기를 살펴보길
바란다.

✎ 공자께서 말씀하셨다. "예가 아니면 보지 말고 예가 아니면 듣지 말

며, 예가 아니면 말하지 말고 예가 아니면 움직이지 말아라." 안연이 말
하였다. "제가 비록 총명하지는 못하오나 이 말을 명심하고 실천하겠습
니다." (중략)

우리는 학교에서 욕을 한다. 이것은 예가 아니다. 우리는 학교 복도에
서 뛰어다닌다. 이것 또한 예가 아니다. 공부를 잘한다고 예를 무시하
여도 되는 것인가? 안연이 말하길 자신은 똑똑하지는 않지만 이것을 실
천하겠다고 하였다. 공부를 잘하는 것보다 예를 지키는 것이 더 중요한
것은 아닐까?

이 일기를 통해 아이가 『논어』를 읽고 욕이 왜 안 좋은지, 학교 규
칙을 왜 지켜야 하는지, 공부를 잘하는 것보다 인성이 중요하다는 것
을 조금씩 인지하기 시작했음을 알 수 있다.

또 다른 아이는 평소 욕을 많이 해 친구들이 별로 좋아하지 않았
다. 그런데 어느 날 그 아이가 "『논어』를 읽고 나서부터 욕이 줄고, 화
도 잘 안 내고, 친구들과 잘 어울리게 되었다."라고 말하는 것이었다.
내가 봐도 욕이 현저히 줄어든 것을 알 수 있었다.

요즘 아이들은 혼자인 경우가 많아서인지 자기중심적이다. 학교
규칙을 지키기보다 자신이 편한 것을 추구하려 하고, 공부만 잘하면
설령 나쁜 행동일지라도 허용된다고 생각한다. 그런데 『논어』의 한
구절이 자기반성을 이끌어 내다니, 백 마디 잔소리보다 한 권의 고전
이 더 효과적이라는 증거가 아닌가!

저학년들이 즐겨 읽는 전래 동화 역시 인성 교육에 매우 좋다. 권선징악과 인과응보의 주제가 명확하여 옳고 그름의 판단 기준을 제시해 주고 정의감을 심어 준다. 또 자신의 행동에 따른 결과를 인지하게 하는 효과가 있다.

공감하고 소통하는 방법을 배우다

사람의 경험에는 한계가 있어서 자신이 경험해 보지 못한 것들에 대해서는 이해하지 못하고 편협한 사고를 가지기 쉽다. 세상의 모든 경험을 직접 해볼 수는 없지만 간접적으로 하는 방법이 바로 책 읽기, 그중에서도 고전읽기다.

고전에는 다양한 나라와 시대의 문화가 녹아 있다. 예를 들어 『허클베리 핀의 모험』을 읽으면서 흑인 노예가 존재했던 1800년대 미국의 시대상과 당시 사람들의 가치관을 알 수 있다. 자연스럽게 우리와 다른 문화를 인지하고 인정하게 된다.

이뿐만 아니라 고전 속에는 다양한 등장인물이 등장한다. 인물들 간의 대화와 감정 변화, 미묘한 관계 묘사를 읽으며 아이는 자신의 주변에서 닮은 인물을 떠올리게 된다. 나와 닮은 인물, 내 친구를 닮은 인물……, 고전 속 인물들과 만나면서 '다른 사람들도 나처럼 살아가는구나.' '내가 이렇게 행동할 때 상대방은 이렇게 느끼는구나.'

'나만 그런 게 아니구나.'라는 것을 알아간다. 이를 통해 포용의 전제 조건인 공감을 배우게 된다. 그러면서 우리 사회에는 내가 좋아하는 사람만 존재하는 것이 아니라 나와 맞지 않는 사람도 존재한다는 사실을 인식하게 된다. 아이는 자신도 모르는 사이에 다양성을 인정할 줄 아는 포용력을 키우게 된다. 이것이 바로 사회화의 과정이다. 우리가 말하는 사회성이 좋다는 의미는 포용력이 좋다는 말과도 일맥상통한다.

공감 능력과 포용력을 키우는 일은 아이의 친구 관계에 긍정적인 영향을 미친다. 사람이 행복하다고 느낄 때는 언제일까? 아마 자신이 원하는 일을 성취하거나 갖고 싶은 것을 가졌을 때라고 생각하기 쉽다. 그런데 사실 대부분의 행복은 관계에서 온다.

학교 현장에서 아이들을 봐도 그렇다. 주변에 친구들이 많고 인기가 높은 아이들은 항상 밝고 생기가 넘친다. 그렇지 못한 아이들은 어둡고 화난 표정을 하고 있다. 아이들 세계에서는 친구가 가장 큰 고민이자 중요한 문제다. 따라서 부모는 아이들의 친구 관계에 많은 신경을 써줘야 한다.

관계는 공감과 소통에서 시작된다. 고전은 공감 능력과 소통 능력 향상에 매우 좋다. 다양한 등장인물을 통해 사람을 포용하고 이해하는 공감 능력이 자연스럽게 길러지기 때문이다. 뿐만 아니라 책 속의 주인공들이 상황에 따라 어떤 말을 구사하는지, 어떻게 표현하는지를 경험하면서 의사소통 방식을 자연스럽게 익히게 된다.

나아가 고전은 관계의 소중함을 알려 준다. 내가 하는 말과 행동이 관계에서 어떤 영향을 미치는지를 보여 주고 좋은 관계를 맺기 위해서는 다른 사람을 배려해야 한다는 점을 가르쳐 준다. 그리고 이러한 깨달음은 실질적인 변화로 이어진다.

아이는
누구의 꿈을 이뤄 가고 있는가?

the great book

    부모들은 자신의 아이가 꿈을 갖기를 바란다. 그도 그럴 것이 꿈이 있는 아이와 꿈이 없는 아이는 너무나도 다르다. 꿈이 있는 아이는 누가 시키지 않아도 열정적으로 공부하지만 꿈이 없는 아이는 부모의 잔소리와 강압에 못 이겨 억지로 공부한다.

    그렇다고 부모가 아이에게 꿈을 주입시키거나 인위적으로 꿈을 가지게 해서는 안 된다. 이런 꿈은 아이에게 아무런 원동력이 되지 못한다. 아이는 그저 숙제처럼 느낄 뿐이다. 부모의 철저한 관리 덕분에 명문 대학에 진학한다고 하더라도 꿈이 없는 아이는 결국 주저 앉고 만다. 이를 증명하듯 1985년부터 2007년 사이 아이비리그 외 14개 대학에서 한국 학생들의 중도 포기율이 44%에 달했다. 이는 다른 나라의 유학생들에 비해 월등히 높은 수치다. 후속 연구에 따른 정확한 통계는 없지만 교육 전문가들은 이 문제가 더 심해졌으리라 보고 있다. 어려서부터 좋은 대학이라는 꿈만 주입된 아이들이 막상 대학에 들어가고 나니 도대체 무엇을 공부하고 앞으로 무엇을 해야 할지 혼란에 빠져 주저앉고 마는 것이다. 철학자 플라톤은 "자유인은 자신의 꿈을 이뤄 가는 사람이고 노예는 남의 꿈을 이뤄 주는 사람이다."라고 말하였다. 아이에게 진짜 꿈을 심어 주기 위해서는 어떻게 해야 할까?

고전 작품의 꿈이 내 꿈이 된다

역사적 위인들 중에는 고전에서 꿈을 발견하여 그 꿈을 이뤄 낸 사람이 많다. 링컨 대통령은 『톰 아저씨의 오두막』을 읽고 노예 해방의 꿈을 꾸었고, 발명가 에디슨은 『자연 과학과 실험 과학 입문』이라는 책을 읽고 발명가의 길로 들어섰다. 곤충학자 파브르 역시 『시튼 동물기』를 읽고 곤충의 생태를 연구하기 시작했다. 이 밖에도 역사 전공자들 중에는 시오노 나나미의 『로마인 이야기』에 감명받아 역사학자를 꿈꾼 이가 적지 않다.

고전은 이처럼 사람들에게 꿈을 발견하게 한다.

(…전략) 몸이 매우 불편하여 누워 신음하고 있는데, 명나라 장수가 중간에서 늑장을 부리는 것은 아마도 간사한 꾀가 없지 않은 것 같다는 말이 들려 왔다. 그렇잖아도 나라를 위해 걱정이 많은데, 명나라 군사까지 말썽이니 더욱 더 한심스러워 눈물이 쏟아졌다. (후략…)

—이순신 『난중일기』 중에서

『난중일기』의 일부분으로, 전쟁을 도와주러 온 명나라 군사들이 늑장을 부리는 것을 안타까워하는 내용이다. 이를 읽은 아이들은 나라를 사랑하는 이순신 장군의 마음에 차츰 동화되어 갔다. 그리고 책장을 덮었을 때는 그동안 생각해 본 적도 없는 나라의 소중함을 인지하고 제법 나라에 대해 고민하는 모습을 보였다.

초등 3학년은 공감 능력이 자라나는 시기, 4학년은 자아가 자라는 시기, 5학년은 글을 통해 간접적으로 경험하는 능력이 발달하는 시기, 6학년은 자신만의 세계를 만들어 가는 시기다. 그만큼 초등 아이들은 책의 인물이나 내용에 많은 영향을 받는다. 아이들의 꿈이 자주 바뀌는 것도 이 때문이다.

고전을 읽히면 단편적인 꿈과 평범한 생각밖에 할 줄 몰랐던 아이가 변하기 시작한다. 고전을 계속 접하면서 그들처럼 사고하는 방법과 지혜를 습득하게 되기 때문이다. 물론 이 변화는 아주 서서히 일어난다.

아이들은 『슈바이처』, 『안중근』, 『위대한 영혼, 간디』와 같은 전기를 기억에 남는 책으로 많이 꼽는다. 좀 의외의 결과다. 5학년 한 아이는 『위대한 영혼, 간디』에 대해 "간디가 비폭력 운동으로 총을 든 영국인을 이기는 모습이 너무 멋있고, 정의가 무엇인지 알려 주는 책인 것 같다."라며 극찬을 아끼지 않았다.

아이들은 왜 이런 책에 매료되는 것일까? 이런 책을 읽으면 위인의 꿈과 삶이 아이의 심장을 뛰게 만들기 때문이다. 위인처럼 나도 살고 싶다는 강한 열망에 사로잡히는 것이다. 책을 읽으면서 하는 이런 경험은 그 인물에 대한 존경심을 불러일으킬 뿐 아니라 인생의 롤모델을 만나게 한다. 이런 경험은 반드시 그 사람의 인생을 변화시키는 기폭제가 된다.

고전은 그 분야의 선두이자 근본이 되는 책이다. 오랫동안 고민하고 연구한 저자의 진귀하고 생생한 이야기는 아이들을 감동시키고 저자 혹은 주인공과 똑같은 꿈을 꾸게 한다. 위대한 삶을 살다 간 인물들이 쓴 책에 접속하는 순간 그가 지닌 엄청난 꿈이 아이에게 그대로 다운로드되는 것이다. 이런 의미에서 꿈은 '갖는다'라는 말 대신에 '잉태된다'라는 표현이 더 적합할 듯하다.

변하지 않는
건강한 가치관을 제시해 준다

the great book

　말끝마다 욕을 하는 아이가 있어 혼을 냈더니, 그 아이가 이렇게 묻는 것이었다. "선생님! 욕하는 것이 그렇게 나쁜 일인가요?" 그래서 "너는 욕하는 것이 아무렇지도 않다고 생각하니?"라고 되묻자 "좀 잘못된 일인 것 같긴 하지만 재미있으니깐 해도 된다고 생각해요."라고 대답했다. 나는 순간 말문이 막혀 아이를 돌려보내고 말았다.

　도대체 이 아이는 무엇이 잘못된 것일까? 문제는 아이의 가치관이다. 재미만 있으면 그것이 다소 나쁜 일이어도 괜찮다는 잘못된 가치관을 가지고 있는 것이다.

　앞에서도 언급했지만, 한 사람의 가치관은 모든 선택과 판단의 기준이 된다. '어떤 직업을 가질까?'처럼 중대한 문제를 비롯해서 '누굴 만날까?' '무엇을 먹을까?' '친구에게 먼저 사과할까, 기다릴까?'

같은 사소한 문제에까지 작용한다. 지금 우리의 인생이 선택의 결과물이라면, 선택을 주도하는 가치관이야말로 성공과 행복의 핵심 키워드라고 할 수 있다. 따라서 부모는 아이에게 변하지 않는, 긍정적이고 건강한 가치관을 심어 줘야 한다.

섣부른 개입은 아이의 가치관에 악영향을 미친다

아이의 가치관은 어려서는 부모나 교사의 영향을 많이 받고, 점차 나이가 들면서는 친구나 대중매체의 영향을 더 많이 받게 된다. 문제는 또래인 친구 역시 어리기 때문에 올바른 가치관을 심어 주기 힘들며, 오히려 집단 문화에 휩쓸려 잘못된 방향으로 인도되기 쉽다는 점이다. 대중매체는 말할 가치도 없다. 아이들에게 허황되고 꾸며진 세계만을 보여 주는 대중매체는 잘못된 성 의식과 가치관을 주입시키는 최대의 적이다.

무엇보다 초등 고학년 이후의 아이들에게 부모나 선생님의 개입은 역효과를 불러일으키기 쉽다. 따라서 가장 좋은 방법은 고전 문학을 읽히는 것이다. 고전 문학 속에는 항상 갈등 구조와 갈등 인물이 있기 마련인데 이 갈등 인물들은 서로 정반대의 가치관을 가지고 있는 경우가 많다.

예를 들어 『베니스의 상인』의 갈등 인물을 살펴보자. 여기에는 돈을 가장 중요시하는 샤일록과 친구의 우정과 명예를 중요시하는 안토니오가 나온다. 이 두 인물의 가치관 충돌을 중심으로 이야기가 전개된다.

아이들은 작품을 읽는 동안 대립되는 가치 중 어떤 가치를 선택해야 할지 고민하게 된다. 이러한 과정을 반복하는 사이 자기 나름대로의 가치관과 판단력을 확립하게 된다.

6학년 한 여자아이는 6년 동안 읽었던 고전 중에서 『지킬 박사와 하이드』가 가장 인상 깊었다고 말했다. 책을 읽는 내내 '지킬 박사로 살 것인가? 하이드로 살 것인가?'를 고민하면서 작품에 빠져들었다는 것이다. 가치관의 혼란과 갈등을 겪으면서도 나름 자신만의 것을 정립해 가는 경험을 했던 듯하다. 이것이 바로 고전 문학의 힘이라 할 수 있다.

미국의 대권 주자로 트럼프 대통령과 팽팽히 겨뤘던 힐러리 전 국무부 장관은 자신에게 가장 영향력을 끼친 책 중 하나로 루이자 메이 올콧의 『작은 아씨들』을 꼽으며 지금도 즐겨 읽고 있다고 한다. 이 책의 주인공인 조 마치의 열정과 지적 호기심을 동경하여 자신의 롤 모델로 삼고 있다는 것은 유명한 이야기다. 힐러리의 경우처럼 문학 작품의 주인공이 롤 모델이 되는 등 고전 문학은 다양한 방법으로 아이들의 가치관을 이끌어 준다.

수준 높은 가치관과 만나게 한다

한번은 3학년 학부모가 "선생님, 우리 아이가 『명심보감』을 읽고 나더니 정말 달라졌어요."라고 말하는 것이었다. 그래서 무엇이 달라졌냐고 묻자, "정확히는 표현하기 어렵지만 부모에 대한 존경심이 달라진 게 느껴져요."라고 답했다. 사실 그 어머니는 아이가 『명심보감』을 읽기 시작했을 때만 해도 이해는커녕 완독이나 할 수 있을지 걱정이 앞섰다고 했다. 하지만 지금은 아이의 변화에 놀라워하며 고전을 더 많이 읽혀야겠다고 눈을 빛냈다.

학교에서 고전읽기 프로젝트를 진행한 뒤 많은 학부모가 이런 고백 아닌 고백을 하고 있다. 아이들이 180도 달라진 것은 아니지만, 조금씩 긍정적인 변화의 모습을 보이고 있고, 그것을 부모님이 느끼고 있다는 사실에 대단히 뿌듯했다.

나 역시 고전읽기로 아이들이 조금씩 변해 가는 모습을 보면서 깜짝 놀라곤 한다. 특히 인문·철학 고전을 읽힐 때 가장 많은 변화가 일어났다. 이는 아이의 생각과 가치관이 바뀌기 때문이다. 인문·철학 고전은 가치관의 결정체다. 앞의 사례처럼 『명심보감』을 읽다 보면 부모에 대한 존경심이 저절로 샘솟는다. 나의 생각으로는 도덕 교과서 대신 인문·철학 고전을 1년에 한 권씩 읽게 하는 편이 아이들의 인성 교육에 훨씬 도움이 될 것 같다. 『논어』를 읽고 쓴 아이의 글을 봐도 그 영향력을 알 수 있다.

✎ 제목 :『논어』와 헤어지며

한 달 정도『논어』를 읽은 결과 드디어 20편까지 모두 읽었다. 처음엔 무슨 얘기인지도 잘 모르겠고 말 그대로 딱딱한 책이었다. 하지만 그동안 정이 들어 헤어지기가 매우 아쉽다.

500개가 넘는 구절들을 읽었는데 군자로서의 도리, 인을 행하는 방법, 도를 실천하는 방법 등에 관한 내용이 많았다. 나에게 가장 기억에 남는 것은『논어』12편 16절에 있는 "군자는 남의 좋은 점을 이룩하도록 해주고 나쁜 점은 이루어 주지 않지만, 소인은 이와 반대이다." 라는 구절이다.

나는 가끔씩 다른 친구가 옳지 않은 행동을 하면 말리기보다 같이 동참하는 경우가 많다. 그동안 나는 소인이었지만 이제부터는 군자가 되도록 노력해야겠다. 공자의 제자들도 군자가 되는데 많이 실패했지만 나는 끝까지 노력하여 남의 좋은 점을 이룩해 주어야겠다.

『논어』는 수천 년 동안 잊혀지지 않고 최고의 책이라고 불렸다. 내가 보기엔 미래에도 잊혀지지 않을 것 같다.『논어』는 나중에 커서도 내 삶의 지침서로 삼을 것이다.

아이들이 처음에 고전을 어려워하는 것은 생활 방식이나 가치관이 너무 다르기 때문이다.

2학년 아이들과『사자소학』을 읽을 때 "부모출입 매필기립(父母出入 每必起立), 부모님이 드나드실 때는 매번 반드시 일어서야 한다."를 배울 때의 일이다. 한 남자아이가 자신은 부모님이 드나드실 때 한 번도 일어선 적이 없는데 정말로 그렇게 해야 하냐고 묻는 것이다. 그래서 부모님이 드나드실 때 왜 일어서야 하는지를 차근차근 알려 주었더니 그제야 고개를 끄덕이며 자신도 앞으로 부모님이 드나드실 때 꼭 일어서야겠노라고 다짐하는 모습을 보였다.

사실 이 아이만 그런 건 아니다. 하지만 인문·철학 고전을 함께 읽다 보면 이런 아이들이 시야를 다른 사람에게도 돌리는 모습을 보인다. 개중에는 자기 삶의 지침을 발견하는 아이들도 있다. 물론 이것이 일시적일 수도 있지만 이런 깨달음 자체에 의의가 있다고 본다.

인생의 책과 만난다

때때로 고전은 아이의 독서 이력에서 랜드마크가 되기도 한다. 랜드마크란 한 도시나 나라의 표지물과 같은 역할을 하는 건물을 말한다. 즉 고전은 아이에게 인생의 이정표가 되곤 한다. 인생의 이정표가 되는 책은 나만의 '인생의 책'이 되곤 한다. 인생의 책은 항상 내 곁에 두며 평생을 두고 읽고 또 읽게 된다. 인생의 책은 한 사람의 인생관과 가치관에 엄청난 영향을 주기 마련이다. 책을 사랑하는 사람들은 한결같이 자신만의 인생의 책이 있기 마련이다. 좋은 배우자를 만나느냐 아니냐가 인생의 행복에 결정적인 영향을 끼치듯이, 좋은 인생의 책을 만나느냐 아니냐는 인생의 성공에 결정적인 영향을 끼친다.

사람들은 어떤 책을 인생의 책으로 만나는 것일까? 인생의 책을 가진 사람들 중 대부분이 자신의 책으로 고전을 꼽는다. 이런 현상은 아이들도 마찬가지다. 아이들에게 가장 기억에 남는 책을 조사해 보면 고전읽기를 하기 전과 후의 차이가 매우 크다. 고전읽기를 하기 전에는 저마다 다양한 책을 꼽았는데, 고전읽기 이후 많은 아이가 고전을 꼽는다.

✎ 제목 : 『논어』를 마치며

『논어』를 처음 읽었을 때의 내 모습을 생각해 보면 많은 차이가 느껴진다. 특별히 내 마음가짐은 100% 바뀌었을 것으로 생각한다. 『논어』를 읽으면 참 배울 점이 많다. 『논어』의 어떤 부분에서는 왜! 라는 의문점이 가끔씩 생기기도 하지만, 거의 대부분의 내용이 내가 소화해 낼 수 있는 수준이었기에 매우 보람 있었다고 생각된다.

무엇보다 수준이 높은 책을 읽으면서 나 자신을 반성하며 책 한 권을 끝낸 내 자신이 너무 자랑스럽다. 나는 한자를 많이 알기 때문에 한자로 되어 있는 『논어』 원문도 한번 읽어 보고 싶다. 『논어』는 아마 내 평생 기억에 남을 것 같다.

6학년 남자아이가 쓴 글인데 『논어』를 읽고 받은 감동이 고스란히 느껴진다. 이 아이는 『논어』를 자신의 인생의 책으로 꼽는 데 주저하지 않았다.

"저는 『갈매기의 꿈』을 제 인생의 책으로 꼽고 싶습니다. 갈매기 조나단이 자신의 꿈을 이루는 과정이 감동적이었고, 특히 '더 높이 나는 새가 더 멀리 볼 수 있다'라는 말이 감동적이었기 때문입니다. 후배들에게도 꼭 읽으라고 권하고 싶습니다."

5학년 아이들에게 가장 감동 깊게 읽은 책을 한 권 꼽으라고 했더니 한 여자아이가 이렇게 말했다. 이 아이는 『갈매기의 꿈』이 너무 감동적이었기 때문에 10번도 더 읽었다는 말도 곁들였다. 이 책이 앞으로 이 아이의 인생 중간 중간 얼마나 많은 위로와 격려를 줄지는 아무도 모른다.

부모는 아이가 고전을 제대로 읽을 수 있을까 걱정하지만 부모의 우려와 달리 아이들은 고전을 잘 읽으며, 심지어 고전을 읽으면서 자신만의 인생의 책을 발견하기도 한다.

위인들의 수필은 가치관의 정수다

『난중일기』, 『백범일지』, 『열하일기』 등 위인들의 일기나 수필도 아이들에게 많은 감동을 준다. 이런 글에는 위인들의 가치관과 생각이 고스란히 드러난다. 이를 통해 아이들은 그들이 우연히 위인이 된 것이 아니라 그들이 가진 가치관의 발로의 결과물임을 깨닫게 된다. 고전 문학이 등장인물들을 통해 가치관을 간접적으로 전달한다면, 이런 글은 직접적으로 전달한다. 그만큼 독자에게 더 큰 영향력을 미친다.

하루는 아이들과 『백범일지』를 읽고 느낌 점을 말하는 시간을 가졌다. 한 남자아이가 자기는 김구 선생님이 일본 사람들에게 고문을 받고 부끄러워서 우는 장면이 너무 충격적이고 감동적이었다면서 자신도 김구 선생님처럼 되고 싶다고 말했다.

이 아이가 감동받았다는 부분은 1911년 신민회 사건에 연루되어 백범이 투옥되었을 당시의 이야기다. 일본 순사들이 관련자들을 색출하기 위해 온갖 방법을 동원해 김구를 고문하는 장면이 나온다. 밤새 고문을 당하고 감방에 돌아온 김구는 눈물을 흘린다. 그런데 이 눈물은 고통스럽거나 억울해서 흘리는 눈물이 아니라 부끄러움의 눈물이었다. 일본 순사들은 자기 나라를 위해 밤을 새워 가며 최선을 다해 일(고문)하는데, 자신은 이제까지 나라를 위해 밤새워 일해 본 적이 있는가를 생각하며 눈물을 흘린 것이다. 나도 이 장면을 읽으면서 깊은 감동에 책장을 잠시 덮었었다. 어떻게 그 상황에서 그런 생각을 할 수 있을까? 그분의 내면의 깊이와 넓이를 감히 가늠할 수가 없었다.

고작 6학년인 아이가 이 장면에서 충격과 감동을 받았다고 하면서 심지어 김구처럼 되고 싶다니, 이런 결심의 기회가 인생에 몇 번이나 찾아올 수 있을까? 고전을 읽는 자에게만 찾아오는 특권이라고 생각한다.

아이의 철학적 호기심을 자극한다

'인간은 어디에서 와서 어디로 가는가?' '삶과 죽음이란 무엇인가?' '나는 무엇을 위해 살아가야 하는가?' 등의 물음은 인류 공통의 화두다.

철학자가 아니더라도 누구나 한 번쯤 이런 근원적인 질문을 스스로 던져 보고 답을 찾으려고 노력한다. 그리고 답을 찾은 사람은 그렇지 않은 사람보다 훨씬 행복하게 살아간다.

✎ 제목 : 나의 삶

내가 요즘 들어 가장 많이 하는 생각이 있다. '나는 왜 태어났을까?' '나는 왜 살지?' 심지어는 죽어 보고 싶다는 생각까지 해보았다. 그러나 이번 주에 읽은 고전에서 "뜻은 크면서 정직하지 않고, 무지하면서 성실하지도 않으며, 무능하면서 신의도 없다면, 그런 사람은 내가 알 바 아니다."라는 말이 마음에 팍 꽂혔다. 딱 지금의 나라고 생각되어 지금까지 내가 생각했던 잡생각을 지우고 더 열심히 사는 내가 되기로 했다. (후략)

이 글은 6학년 여자아이의 일기다. 어른들 눈에는 마냥 어리게만 보이는 아이들도 어른과 똑같은 생각을 하고 인생의 문제를 고민하고 있음을 알 수 있다. '나는 왜 태어났을까?' '공부는 왜 하는 것일까?'는 아이들에게 자주 받는 질문이다.

철학적 고민을 시작하는 고학년

아이에게 철학적이고 심오한 질문을 받았을 때 명쾌하게 답해 주는 부모가 얼마나 될까? 설령 이에 대한 해답을 안다고 해도 가르쳐 주기란 쉽지 않다. 오히려 해답을 스스로 찾아가는 과정이야말로 아이의 내면이 성장하는 계기가 된다.

고학년쯤 되면 이런 고민을 하는 아이들이 많아진다. 그 해답에 대한 실마리가 담긴 철학책을 권하는 것도 좋지만, 원론적인 철학 이야기로 인해 자신의 문제와 연결 짓지 못하고 답을 찾지 못할 확률이 높다. 이때도 역시 가장 권하고 싶은 것은 고전이다. 자연스럽게 철학에 접근할 수 있기 때문이다.

고전에는 철학적인 물음에 대한 답이 담겨 있다. 수백 년, 수천 년 전에 쓰인 고전에서 우리가 현재 당면한 문제에 대한 답을 얻을 수 있다. 그러지 못했다면 오랜 생명력을 가지지 못했을 것이다. 고전은 끊임없이 독자에게 문제의식을 심어 주고 해결책과 문제의 실마리를 제공한다. 그래서 시대나 국가에 국한되지 않고 사랑을 받아 온 것이다.

또한 어느 시대의 사람이든 그 근본과 본성은 똑같다. 500년 전 조선시대 사람의 고민과 현대인의 고민이 똑같은 것은 이 때문이다. 한 아이가 쓴 글귀가 생각난다.

"『논어』라는 책은 나에게 많은 교훈을 준다. 그런데 놀라운 것은 내가 이제까지 잘못해 왔던 일을 이 책이 이미 다 알고 있다는 것이다."

이는 비단 이 아이만의 고백이 아닐 것이다. 애플의 최고 경영자였던 고 스티브 잡스는 "만일 소크라테스와 점심식사를 할 수 있다면 우리 회사가 가진 모든 기술을 그와 바꾸겠다."라고 말했다. 전 세계 회사들이 부러워하는 최신 기술을 소크라테스와의 점심식사와 바꾸겠다니. 잡스는 왜 이런 말을 서슴없이 한 걸까? 현재에도 고대 철학자인 그와의 대화는 무엇과도 비교할 수 없는 값어치가 있다는 뜻이리라.

고전은 세상을 바라보는 세계관, 모든 근원에 대한 탐구, 존재에 대한 의문 등 철학적 문제에 대한 질문과 해답을 준다. 특히 고전 문학은 선악, 인생의 의미, 신의 존재, 자아 정체성과 같은 철학적 주제를 이야기라는 재미있는 장치를 통해 들려주어, 아이도 비교적 부담 없이 이 주제들과 접하게 한다.

그중에서도 권하고 싶은 것은 셰익스피어의 『햄릿』, 괴테의 『파우스트』가 있다. 지금까지 그 해석이 분분할 정도로 이들 책은 다양한 철학적 접근이 가능하다.

"여러 가지 이야기들이 재미있으면서도 '어떻게 살아갈 것인가?' '사람은 무엇으로 사는가?'와 같은 문제들에 대해 생각할 수 있어 좋았다."

이 말은 『톨스토이 단편선』을 읽은 6학년 한 여자아이가 남긴 소감이다. 이처럼 아이들은 고전 문학을 읽으면서 작품이 전달하고자 하는 철학적인 문제들에 대해 자연스럽게 생각하게 되고 평소 자신이 갖고 있던 고민을 발견하기도 한다. 이러한 문제들과 고민들은 책을 읽어 가면서 해결되기도 하지만 미제 사건처럼 남아 있다가 어느 순간 답을 찾기도 한다.

고전을 읽으면 머리가 아플 것이라고 생각하는 사람들이 있지만 오히려 그 반대인 경우가 많다. 고전을 읽고 난 후 오히려 마음이 차분해지고 머릿속이 정리되는 것 같다는 아이가 많다. 왜냐하면 고전을 읽으면 보이지 않던 것이 보이고 해석이 안 되던 문제들이 해석되기 때문이다.

스스로 깨달을 때,
아이는 놀라울 정도로 변한다

고전은 아이에게 꿈을 선사한다

초등 시기의 아이들은 공감 능력이 뛰어나고 자아가 자라면서 자기만의 세계를 가지려는 경향이 강하다. 그래서 책의 인물이나 내용에 많은 영향을 받는다. 고전은 그 분야의 선두이자 근본이 되는 책이다. 고전을 읽은 아이들이 풍부하고 입체적인 꿈을 가지게 되는 것도 이 때문이다. 링컨 대통령은『톰 아저씨의 오두막』을 읽고 노예 해방을 꿈꾸었고, 곤충학자 파브르는『시튼 동물기』를 읽고 곤충 생태를 연구하기 시작했다.

부모의 훈육은 아이의 마음을 변화시키지 못한다

아이가 자신의 행동에 대해 잘못을 깨닫고 반성하지 못한다면 부모의 훈육은 잔소리에 지나지 않는다. 고전은 아무리 이야기해 줘도 이해하지 못했던 것들을 아이가 스스로 깨닫게 한다. 특히 저학년이 즐겨 읽는 전래 동화는 정의감과 옳고 그름의 판단 기준을 제시해 주고 자신의 행동에 따른 결과를 인지하게 한다. 또한 우정과 돈, 이기심 등 다양한 가치관을 다룬 이야기는 읽으면서 자연스럽게 이에 대해 고민해 보게 한다. 이 과정 속에서 아이는 자신의 행동을 돌아보고 무엇이 옳은 행동인지를 분별해 가기 시작한다.

나의 행동과 말이 불러올 상대방의 반응을 알게 한다

고전 문학은 공감 능력과 소통 능력 향상에 매우 좋다. 책 속의 주인공들이 상황에 따라 하는 말과 행동이 관계에 어떤 결과를 불러오는지 보여 준다. 이를 통해 아이는 관계의 소중함과 올바른 의사소통 방식을 익히게 되어 친구 관계가 좋아진다.

고전은 어렵다? 그래서 읽어야 한다

아이들이 고전을 어려워하는 것은 그 속에 담겨 있는 생활 방식과 가치관이 다르기 때문이다. 요즘 아이들은 개인주의와 자기중심적인 가치관을 가지고 있다. 그런데 고전에는 부모를 향한 효심, 승패보다 과정을 중요시하는 마음 등이 담겨 있다. 이런 다른 가치관을 만나면서 아이는 자신의 세계관과 사람에 대한 이해의 폭을 넓히게 된다.

고민하는 아이, 답을 제시하는 고전

고학년이 되면 많은 아이가 철학적인 고민에 빠져든다. 고전을 읽다 보면 아이는 자연스럽게 작품이 전달하고자 하는 철학적인 문제에 대해 생각하게 되고, 그 속에서 평소 자신의 고민을 발견하기도 한다. 이러한 고민과 생각이 반복되는 사이 어느 순간 자신의 철학적 고민에 대한 답을 찾게 된다.

고전에 담긴 낯선 단어들은 아이의 어휘력을
자극하고, 고전의 문장력과 깊이 있는 이야기
들은 아이의 사고력을 향상시킨다. 그래서일
까, 고전을 읽은 아이들은 하나같이 교과서가
쉽게 느껴진다고 말하며, 성적이 오르는 모습
을 보였다. 그저 하루에 조금씩 고전을 읽혔을
뿐인데 말이다.

4장

8년의 기적,
고전을 읽었을 뿐인데
성적이 오르다

초등,
아이의 어휘력이 완성되는 시기

the great book

초등학생에게 고전을 읽힐 때 가장 큰 장애물을 꼽으라면 '어휘력'일 것이다. 아이들에게도 고전읽기를 하면서 가장 어려웠던 점이나 힘든 점을 꼽아 보라고 하면 당연 책의 두께와 어려운 어휘가 순위에 오른다. 어휘력이 뒷받침되지 않고는 쉽게 고전을 읽을 수 없다는 방증이기도 하다.

초등학교 시절인 6~12세는 두정엽, 측두엽이 발달하는 시기로 언어를 통해 사고하고 인지하는 능력과 상호작용 능력이 폭발적으로 향상되므로, 언어 교육에 매우 힘써야 한다. 아이들이 초등학교에 입학할 때 구사할 수 있는 어휘력은 약 5,000~6,000 단어에 불과하다. 하지만 초등학교 입학 후부터는 1년에 3,000 단어 가까이 증가하기 시작한다. 심지어 초등학교 3, 4학년 때는 1년에 5,000 단어 이상 증가한다. 어휘력이 폭발적으로 향상되는 것이다. 그 결과 초등학교를 졸업할 때는 적게는 약 3만 5,000 단어에서 많게는 5만 단어 정도를 습득하는 것으로 알려져 있다.

초등학교 때 폭발적으로 증가하던 어휘력은 중·고등학교 이후 좀처럼 증가하지 않는다. 어휘력은 일면 키와 같다. 사춘기 때 키가 폭풍 성장하고 멈추듯, 어휘력은 초등학교 때 폭풍 성장하고 이후로는 좀처럼 늘지 않는다. 초등학교 때 어휘력 습득이 제대로 안 된 아이들은 평생 어휘력 빈곤자로 살아갈 확률이 매우 높다. 때문에 초등학교 때 죽기 살기로 책을 읽어야 한다. 특히 좋은 어휘로 풀어진 책을 읽어야 한다.

어휘력은 이해력과도 밀접한 상관관계가 있다. 어휘력이 낮은 아이들은 이해력이 낮고, 어휘력이 높은 아이들은 이해력이 높다. 어휘력은 그 사람의 세계가 되고 느낌의 깊이가 된다. 아는 만큼 표현하고 느낄 수 있기 때문이다. "어휘의 한계가 세계의 한계"라는 말은 이를 잘 대변해 준다. 어휘력이 부족한 아이들은 교과서를 잘 읽지도 못하거니와 수업 중의 설명을 잘 알아듣지 못한다. 이런 아이들은 집중력이 떨어지고, 수업 시간에 산만하다. 당연히 성적도 좋을 리 없다.

이처럼 어휘력은 공부와도 밀접한 상관관계를 갖는다. 신경생리학자이자 언어학자인 펜필드는 「결정적 시기 이론(Critical Period Theory)」에서 다음과 같이 말하였다.

"아동기는 생애 중에서 어휘 습득이 가장 왕성한 시기다. 이때 습득된 어휘는 성인이 되어서 원활한 독서와 청취는 물론이고, 생각과 의사를 글로 쓰고 말로 표현하는 데 사용된다. 언어 습득은 아동기 이후에는 생물학적 제약을 받아 둔화된다. 따라서 어휘량이 풍부하고 좋은 어휘를 사용하는 어린이를 만들기 위해서는 아동기 독서가 결정적 역할을 한다."

사람의 어휘량과 어휘 수준의 75% 이상이 독서에 의해 결정되고 80%가 사춘기 이전에 완성된다고 한다. 한마디로 초등학교 때 어휘력을 키워 줄 수 있도록 적절한 책을 읽혀야 하는 것이다.

어휘력을 키워 줄 수 있는 적절하고 좋은 책은 어떤 책일까? 좋은 작품의 선별 조건은 바로 좋은 어휘다. 어휘들이 모여서 하나의 큰 생각덩어리를 이룬 것이 작품이기 때문이다. 어휘가 좋지 못하면 좋은 작품이 될 수 없다. 이런 측면에서 좋은 책의 대명사인 고전은 아이들의 어휘력을 길러 줄 수 있는 최적의 책이라 할 수 있다.

아이가 읽는 책이 어휘의 전부다

아이들의 어휘 구사 능력은 저학년 때까지 환경의 지배를 받는다. 여기서 말하는 환경이란 부모를 일컫는다. 아이는 부모의 어휘 습관을 그대로 보고 배운다. 그러다가 초등 3, 4학년 정도가 되면 차츰 부모보다 책의 영향을 많이 받는다. 독서를 통해 독립적인 사고를 구축하고 강화시켜 나가기 때문이다. 따라서 가급적 아이에게 다양하고 좋은 어휘로 이루어진 책을 읽히기 위해 애써야 한다.

그렇다면 좋은 어휘로 된 책은 어떻게 선별할 수 있을까? 우선 주제로 구분할 수 있다. 욕설 등이 난무하는 공포물이나 현실과 동떨어진 판타지책은 사용되는 어휘에 한계가 있고 저급한 경우가 많다. 또한 표현이 한정되어 있는 것도 삼가는 것이 좋다. 나는 고전 문학을 권하고 싶다. 순수 문학의 거장인 이효석의 대표 작품인『메밀꽃 필 무렵』의 일부 구절을 잠시 살펴보고자 한다.

> 길은 지금 긴 산허리에 걸려 있다. 밤중을 지난 무렵인지 죽은 듯이 고요한 속에서 짐승 같은 달의 숨소리가 손에 잡힐 듯이 들리며, 콩포기와 옥수수 잎새가 한층 달에 푸르게 젖었다. 산허리는 온통 메밀밭이어서 피기 시작한 꽃이 소금을 뿌린 듯이 흐뭇한 달빛에 숨이 막힐 지경이다. 붉은 대궁이 향기같이 애잔하고 나귀들의 걸음도 시원하다. 길이 좁은 까닭에 세 사람은 나귀를 타고 외줄로 늘어섰다. 방울소리가 시원스럽게 딸랑딸랑 메밀밭께로 흘러간다. 앞장선 허생원의 이야기 소리는 꽁무니에 선 동이에게는 확적히는 안 들렸으나, 그는 그대로 개운한 제멋에 적적하지는 않았다.
>
> – 이효석『메밀꽃 필 무렵』중

소설이 시보다 더 서정적일 수 있다는 것을 보여 주는 글이다. 아름답게 빚어낸 우리말에 탄성이 새어 나온다. 이 글을 읽은 아이들 역시 연신 "와~""캬~" 하고 감탄사를 연발한다. 이 대목을 여러 번 읽고 소감을 말해 보라고 했더니 한 아이가 "글발에 숨이 막힐 지경이에요!"라고 대답했다. 이처럼 고전 문학에는 어휘력과 표현력이 돋보이는 글들이 많다. 마치 한 폭의 그림과도 같은 글들을 따라가는 사이 아이들은 저절로 그 어휘를 학습하게 된다.

물론 우리 고전 문학에는 한자어나 고어가 많아 아이들이 읽기 힘들다. 모르는 단어의 뜻을 찾아 읽는다 해도 단어의 뜻을 찾는 중에 읽기의 흐름이 끊기는 경우가 많아서 우리 고전 문학을 꺼려 하는 경향이 있지만, 그만큼 새로운 어휘에 대한 자극도 많다. 더군다나 효(孝), 충(忠), 우정처럼 요즘 아이들에게는 낯선 가치관을 접하는 기회를 제공하는 장점이 있다.

요즘에는 교과서에 고전이 많이 등장한다. 특히 고등학교에 가면 많은 고전 문학이 아이들을 기다린다. 이때 어렸을 때부터 고전 문학을 접해 오지 않은 아이들은 이질적인 가치관과 갑자기 해결해야 할 낯선 어휘와 문장에 좌절할 수 있다. 고전 문학을 읽히는 것은 어휘력 증진뿐만 아니라 중·고등학교 공부와도 연관되는 것이다.

서술형 문제와 논술에 강해진다

the great book

　중세 종교개혁을 주도했던 루터는 "세상을 바꾸고 싶으면 펜을 들고 그리고 써라."라는 말을 남겼다. 루터는 쓰는 것이 얼마나 중요하고 막강한 영향력을 끼칠 수 있는지를 충분히 깨닫고 있었다. 그렇기에 그는 〈95개조 반박문〉이라는 글을 써 중세 교회의 부패를 공표함으로써 절대 권력인 교황의 권위에 대항하고 종교개혁의 시금석을 놓을 수 있었다. 루터의 말처럼 펜을 들고 쓰면 나를 바꾸고 세상을 바꿀 수 있다.

　글쓰기만큼 인간의 사고력을 자극하는 것은 드물다. 짧은 한 줄이라도 쓰기 위해서는 생각을 해야 한다. 자신의 생각을 다듬고 정리해야 비로소 누구나 읽어도 그 뜻을 알아차릴 수 있는 정리된 글이 나온다. 깊이 있는 글을 쓰려면 스스로에게 끊임없이 질문해야 한다.

남다른 글을 쓰기 위해서는 관찰하고 또 관찰해야 한다. 이처럼 글을 쓰기 위해서는 고등 정신 능력이 모두 총동원되어야 한다.

교육 제도의 변화로 글쓰기가 점점 더 중요해지고 있다. 입학사정 관제로 자기 소개서의 비중이 높아지면서 감독관을 사로잡을 글쓰기가 필요해졌다. 더군다나 서술형 문제와 논술형 시험의 비중이 높아지면서 글쓰기는 아이들이 반드시 갖추어야 할 능력이 되었다. 비단 학업 때문이 아니라 원하는 정보를 가려내고 이를 편집할 수 있는 능력이 필요한 시대인 만큼 수많은 정보에서 핵심을 간추리는 능력과 이를 효과적으로 정리할 수 있는 글쓰기 능력이 대단히 중요해졌다.

하버드 대학교에서 40대 졸업생 1,600명을 대상으로 실시한 "현재 직장에서 가장 중요한 능력은 무엇인가?"라는 물음에, 90% 이상이 "글쓰기"라고 답했다고 한다. 그 이유로는 사회 지도층으로 성장하는 과정에서뿐만 아니라 지도층이 된 뒤에도 꼭 필요한 것이 전문 지식과 논리력, 표현력인데 글쓰기가 이런 것들을 키우는 가장 효과적인 방법이기 때문이라는 것이다.

이처럼 글쓰기의 중요성은 날로 커지고 있는데 현실은 어떨까? 대다수 학생은 글쓰기에 어려움을 겪고 있다. 한국독서교육개발원에 의하면 우리나라의 학생들 중 88% 이상이 글쓰기에 고통을 호소하고 있다고 한다. 이는 일본의 70%대, 미국의 50%대, 프랑스의 40%대에 비해 매우 높은 수치라고 할 수 있다.

서울대 입학생들조차도 글쓰기를 크게 어려워하는 것으로 나타나고 있다. 서울대 기초교육원에서 실시한 2017학년도 서울대 신입생들 중 자연과학대학 신입생 253명을 대상으로 글쓰기 능력 평가를 시범 실시한 결과는 매우 놀랍다. 98명(38.7%)이 '수, 우, 미, 양, 가' 중 '양' 이하의 점수를 받았다고 한다. 게다가 63명(25%)은 서울대의 정규 글쓰기 과목을 수강하기 어려울 정도로 글쓰기 능력이 부족하다는 평가가 나왔다.

무엇이 문제인 것일까? 글쓰기를 잘하려면 어떻게 해야 하는 것일까? 이런 질문에 대한 해법을 고전읽기에서 찾을 수 있다.

책을 많이 읽는 요즘 아이들이 글쓰기에 약한 이유

흔히 독서는 입력(input)에 비유하고, 글쓰기는 출력(output)에 비유한다. 맞는 말이다. 다른 사람의 글을 많이 보고 익힌 사람일수록 배경지식이 풍부해 그만큼 설득력 있는 글을 쓸 수 있다.

요즘 아이들의 독서량은 엄청나지만 그 읽기 방식이 잘못되어 사고력과 이해력, 글쓰기 능력이 향상되지 않는다. 그래서인지 많은 아이가 글밥이 많거나 긴 글을 접하면 머리가 아프다고 호소한다. 읽기 호흡이 짧고 이해력이 부족한 아이들은 생각을 전개하거나 정리하는 데 어려움을 겪는다. 쓰다 만 듯한 글을 쓰거나 문장 전개가 징검다리처럼 왔다 갔다 하는 것은 이 때문이다.

힘이 센 글쓰기를 하기 위해서는 어떻게 해야 하는 것일까?

스키마를 늘려야 한다. 스키마란 머릿속에 형성된 이해 방식으로, 새로운 어떤 것을 이해할 때 사용되는 구축된 정보와 지식이라고 할 수 있다. 배경지식이라고도 할 수 있는데, 책을 많이 읽은 아이일수록 스키마가 많이 형성되어 글쓰기를 잘한다. "100권을 읽고 10권을 말하고 1권을 쓰게 하라."는 말은 글쓰기를 위해 얼마나 많은 책을 읽고 생각해야 하는지를 잘 말해 주고 있다.

여기서 간과하지 말아야 할 것이 있다. 무슨 책을 읽느냐에 따라 간접 경험의 양과 질에서 엄청난 차이가 발생한다. 책을 많이 읽는 요즘 아이들의 글쓰기 실력이 저조한 것만 봐도 알 수 있다. 사고 능력을 향상시키고 풍부한 배경지식을 쌓을 수 있는 책을 읽어야 한다.

다음은 경희대 논술 제시문 중 일부분이다.

데카르트는 그의 저서인 『사색』에서 정신과 물질의 관계에 대한 실체 이원론을 제안하였다. 그는 실체에는 근본적으로 두 가지 종류가 있다고 역설하였다. 그 하나는 물질인데 공간적 연장을 본질적으로 가지고 있는(즉 물리적 공간에서 어떤 장소를 차지하고 있는) 한편 다른 하나는 정신인데 그것은 본질적으로 사유하는 존재. 여기서 정신과 물질은 서로 존재론적으로 독립적인 실체로 이해되고, 이런 점에서 데카르트의 견해는 실체 이원론의 한 전형으로 여겨진다. (후략…)

예시문에서 알 수 있듯이 최근 논술 제시문은 점점 어려워지고 있다. 아이가 평소 독서량이 많다고 하더라도 정보를 찾으며 글자를 읽는 방식에만 익숙하다면 이 제시문은 이해하지 못할 것이다. 이를 이해하기 위해서는 단어에 내포된 심층적 의미를 파악하며 읽을 수 있어야 한다.

평소 고전을 가까이한 아이들은 문제없다. 이해와 사고에 집중하는 고전읽기를 통해 깊고 긴 읽기 호흡을 키우고 다양한 스키마를 형성해 왔기 때문이다. 게다가 고전이 차지하는 제시문의 비중이 높아지고 있으니 더욱 유리하다. 따라서 초등학생 때부터 고전을 통해 사고하는 글 읽기를 훈련하고 이해력과 스키마를 쌓을 필요가 있다. 비단 논술을 위해서가 아니라 글쓰기를 위해서도 고전을 통한 사고 훈련은 엄청난 효력을 발휘한다.

우리는 흔히 많이 써볼수록 글을 잘 쓸 수 있다고 착각한다. 이것은 큰 오산이다. 글쓰기는 기술이 아니다. 만약 글쓰기가 기술이라고 한다면 명작의 대부분은 전문 작가들에게서 나왔어야 한다. 하지만 실상은 그렇지 않다. 『어린 왕자』를 쓴 생 텍쥐페리는 비행기 조종사였으며, 『이상한 나라의 앨리스』를 지은 루이스 캐럴은 수학자였다. 또한 『로빈 후드의 모험』을 지은 하워드 파일은 화가였다. 전문 작가가 아닌 이들이 불후의 명작을 남긴 것은 글쓰기가 단순한 기술의 문제가 아니라 깊은 사고와 통찰에서 나온다는 것을 증명해 준다.

좋은 글은 자발적 창작 욕구를 일으킨다

아래에 소개한 시화는 4학년 여자아이가 황순원의 『소나기』를 읽고 자발적으로 적어 낸 작품이다.

고전을 읽힌 후 두드러진 변화 중 하나가 바로 이것이다. 아이들이 책을 읽고 그 내용을 글이나 그림으로 표현하는 일들이 늘어난 것이다.

자신의 마음을 글이나 그림으로 표현하고 싶다는 열망은 아무 때나 찾아오지 않는다. 이는 고전처럼 좋은 작품이 주는 선물과도 같다. 이 아이의 시처럼 아름다운 작품이 나올 수 있었던 이유도 좋은 작품을 읽었기 때문이다.

현장 학습 보고서, 독서 감상문 대회 등 아이들은 강압적인 글쓰기에 노출되어 있다. 이는 자연스럽게 글쓰기 능력을 향상시키고자 하는 의도이지만, 오히려 역효과를 불러일으키는 경우가 많다. 좋은 글쓰기는 자신의 생각과 마음을 표현하고 싶다는 의지에서 나온다. 아이가 글쓰기를 싫어한다면 억지로 시키기보다

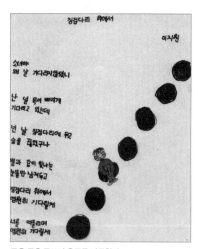

좋은 글은 글쓰기 욕구를 자극한다.

그런 마음이 들 수 있도록 해야 한다. 이때 고전은 아이에게 글쓰기에 대한 동기를 불러일으키기 위한 좋은 소재가 된다.

아이들이 쓴 일기를 검사 하다 보면 어법에 맞지 않는 문장들이 허다하다. 이런 문장은 내용이 아무리 좋아도 잘 읽히지 않고 심지어 읽기 싫어질 때가 많다. 고전 문학은 저자가 한 줄을 쓰기 위해 몇 날 며칠을 고민하는 만큼 좋은 문장으로 이루어져 있다. 이런 글에 꾸준히 노출된 아이들은 자신도 모르게 그 문장들을 사용하게 된다.

✎ 이번 주 들어 『플라톤의 대화편』 중 「에우튀프론」을 읽고 있다. 하지만 이 책은 이해하기 쉽지 않다. 특히 소크라테스가 하는 말들은 어렵다. 왠지 말장난을 한다는 느낌이 들지만 오랫동안 집중하여 읽다 보면 이해할 수 있다.

"보이는 것은 보이는 것이기 때문에 보이는 것이 아니라, 보이기 때문에 보이는 것이다." 이 문장을 처음 읽었을 때는 물음표 3만 개가 머릿속에 들어왔다. 하지만 그것을 반복하여 읽다 보면 그 물음표가 단어로 변하면서 이해가 된다. 이때 나의 느낌은 말로 표현할 수 없을 만큼 뿌듯하다. 그래서 이 책이 정말 재미있는 것 같다. 이렇게 말도 안 될 것 같은 말에 깊은 뜻이 있다는 것도 참 대단하다.

나는 이런 책이 참 좋다. 왜냐하면 보통 하는 대화 같은 말에서도 깊은 뜻을 찾을 수 있으니 말이다. 그래서 아무리 이해하기 힘들다 해도 계속 읽게 된다.

이 글은 6학년 한 남자아이가 『플라톤의 대화편』 중 「에우튀프론」을 읽고 쓴 글의 일부다. 이처럼 한 낱말 혹은 한 구절의 깊은 묵상으로부터 철학은 시작되고 완성되는 법이다. 고전에는 깊은 사색으로 인도하는 명문장들이 즐비하다. 『햄릿』을 읽은 아이들이 쓴 글에는 온통 "사느냐 죽느냐 그것이 문제로다.""약한 자여, 그대의 이름은 여자인가!"와 같은 작품 속 명대사가 자주 인용된다. 자신이 읽은 책의 단어나 표현이 고스란히 글쓰기에 녹여지는 것이다. 품격 있고 고급스러운 글이 담긴 책일수록 아이에게 긍정적인 영향을 미칠 것은 자명한 일이다.

　잠깐 아이의 글쓰기 지도에 대한 팁을 주자면, 단문으로 쓰게 하는 게 좋다. 문장이 길어질수록, 두 개 이상의 주어가 사용되거나 주어와 서술어의 호응이 맞지 않는 비문을 쓸 가능성이 높기 때문이다.

공부하지 않아도 국어 점수가 오른다

the great book

아이들은 보통 국어를 쉽게 생각한다. 일상생활에서 국어를 사용하고 있기 때문에 국어는 공부를 안 해도 잘할 수 있다고 착각한다. 실제로 시험을 볼 때도 아이들은 수학, 사회, 과학과 달리 국어는 잘 공부하지 않는다. 이렇듯 아이들이 쉽게 생각하는 국어지만 막상 시험을 보고 나면 점수는 영 좋지 못하다. 수학보다 백점을 받기 힘든 게 국어다. 공부를 잘하는 아이들도 백점이라는 국어 점수는 꿈의 점수다.

국어는 도구 과목이다. 국어를 못하면 다른 과목도 잘하기 어렵다. 수학만 해도 서술형 문제를 읽고 그 문제를 이해해야만 문제를 풀 수 있다. 사회도 마찬가지다. 사회는 흔히들 암기 과목이라고 생각하는데, 수많은 사실 중에 주요 내용을 추리는 능력과 충분한 어휘력이 바탕이 되지 않으면 이해하기 힘들다.

설령 아이가 국어는 잘하는데 다른 과목을 못하더라도, 크게 걱정할 필요는 없다. 이런 아이들은 오히려 언젠가 다른 과목들까지 잘할 수 있는 가능성이 높기 때문이다. 그렇다면 어떻게 하면 국어를 잘할 수 있을까.

반 평균 95점을 받다

내가 근무하는 학교는 사립초등학교다. 지금은 사라졌지만 몇 년 전까지만 해도 사립초등학교는 한 학기에 한 번씩 전국 사립초등학교 공동학력평가라는 일명 사초평가라는 것을 실시했다. 전국 사립초등학교를 대상으로 국어, 수학, 사회, 과학, 영어 과목을 평가하는 것이다.

이 평가에서 내가 가르치는 반이 국어에서 평균 95점을 기록하는 쾌거를 이루었다. 교내 시험에서도 과목 평균 점수가 90점 이상 나오기는 힘들다. 문제가 아무리 쉬워도 아이들 특유의 실수가 많기 때문이다. 그런데 외부 시험에서 평균 95점이 나온 것은 대부분의 아이가 백점을 맞거나 한두 문제밖에 틀리지 않았다는 의미다.

처음 이 점수를 받았을 때는 평균을 잘못 낸 줄 알고 몇 번이고 다시 계산해 보았다. 그런데 결과는 마찬가지였다. 15년 가까이 교사

생활을 하면서 가까스로 90점 정도의 반 평균 점수는 한두 번 받아 본 적 있지만 이렇게 높은 점수는 처음이었다.

너무 높은 점수에 놀라 원인을 분석해 보았다. 문제가 너무 쉬웠는지 다시 살펴보았더니 여느 때와 난이도가 비슷했다. 혹시 아이들이 따로 국어 공부를 했나 싶어 물어보았더니, 다른 과목을 공부하느라 국어까지 신경 쓴 아이는 없었다. 그렇다면 나의 가르침이 너무 탁월했던 것일까? 물론 그랬다면 더욱 기뻤겠지만 이것은 원인이 될 수 없었다. 그 이전과 국어를 가르치는 나의 방식이 전혀 바뀌지 않았으니 말이다.

그때 딱 한 가지 짚이는 것이 있었다. 바로 고전읽기였다. 매일 아침 20분씩 반 아이들과 『톨스토이 단편선』, 『백범일지』, 『논어』, 『셰익스피어의 4대 비극』, 「사기열전」과 같은 고전을 꼬박꼬박 읽었던 것이다. 고전을 읽은 후에는 다 함께 소감이나 의견을 주고받았다. 사실 이 때문에 1교시 국어 시간을 빈번히 10분, 20분씩 할애하곤 했다. 고전읽기를 하면서 오히려 국어 수업을 살짝 등한시한 셈이다. 그럼에도 국어에서 최고 점수를 기록하다니, 고전읽기 효과를 실감한 순간이었다.

국어를 잘한다는 의미

국어 점수가 잘 나오지 않는 것은 과목의 특성 때문이다. 국어는 암기해서 성적을 올릴 수 있는 과목이 아니다. 그렇다고 정해진 공식이 있어 이를 적용하면 답이 나오는 과목도 아니다. 국어 공부의 핵심은 주어진 지문과 문제에 대한 이해력이다. 국어를 잘한다는 것은 결국 긴 지문을 읽고 이해하여 요점과 주제를 잘 파악한다는 의미다. 독서는 이를 연습하는 최적의 방법이다. 그런데 흥미 위주나 자기 수준의 책 읽기에 익숙한 아이들은 시험에서 어렵고 생소한 지문이 등장하면 당황하게 된다. 평소 고전처럼 수준 있는 책 읽기를 즐겨하던 아이는 어떤 지문도 쉽게 접근한다.

고전을 자주 읽다 보면 아이들의 글을 읽는 태도가 바뀌게 된다. 고전은 한 문장 한 문장 그 의미를 곱씹고 생각을 거듭해야만 이해할 수 있기 때문에 글을 대충 읽던 습관이 어느새 사라지고, 능동적이고 비판적인 독서 습관을 가지게 된다. 그러다 보면 '행간 읽기(reading between the lines)'가 가능해져서 지문 속의 숨은 뜻을 읽어 낼 수 있다. 이러한 능력을 갖게 된 아이는 국어 실력이 월등히 좋아진다. 우리 반 아이들처럼 말이다.

사고력이 높아져 지능이 향상된다

the great book

> "인문학은 인간을 예견 가능한 존재로 파악하는가?"
> "우리는 과학적으로 증명된 것만을 진리로 받아들여야 하는가?"
> "진리는 인간을 구속하는가, 자유롭게 하는가?"

　이상의 문제들은 프랑스의 대학입학자격시험 '바칼로레아'의 기출 문제다. 우리나라로 치면 대학수학능력시험의 문제인 셈이다. 이런 문제에 적절하게 대답하기 위해서는 통합적 사고력, 창의력, 상상력이 반드시 필요하다. 이렇게 창의력이나 상상력에 근거한 통합 사고력을 묻는 입시 경향은 우리나라에서도 점점 뚜렷해지고 있다. 다음은 국제중학교 심층 면접에 나온 질문이다.

> "이미 죽었지만 명사인 12명(퀴리 부인, 다빈치, 피카소, 이순신, 광개토대왕, 유관순, 명성황후, 에디슨, 애덤 스미스, 간디, 테레사 수녀, 다이애나 비) 중에 세 사람만을 살릴 수 있다면 누구를 선택하겠는가?"
> "학력 위조는 개인의 자질 탓인가, 고학력을 중요시하는 사회의 구조 탓인가?"

전두엽은 사고력과 창의력, 주의 집중력을 조절하는 부위로 인지적 학습 능력을 결정하는 곳이기도 하다. 그런데 고전을 통해 아이들의 사고력을 향상시키고 전두엽을 자극할 수 있다. 고전은 앞 문장을 머릿속에 떠올리며 다음 문장을 읽어야만 전체 내용을 파악할 수 있다. 특히 고전 문학은 대체로 등장인물이 많고 설명과 묘사, 대사들이 길고 자세하여 자칫하면 글의 핵심과 이야기를 놓치기 쉽다. 그래서 한 페이지를 읽는 데 한 시간 혹은 하루도 걸릴 수도 있다. 바로 이 과정에서 저절로 사고력이 발달한다.

✎ 나는 믿음이라는 단어에 대해서 누구보다 더 많이 생각해 보았다. 친구들과 놀 때도, 가족과 지낼 때도 진정한 믿음이란 무엇인지에 대해서 계속 생각해 보았다. 그러던 중 학교에서 「오셀로」라는 셰익스피어의 작품을 접하게 되었다. 그 작품의 소재로 셰익스피어는 믿음을 선택한 것 같았다. 이 작품에서 나는 믿음에 대해 알게 되었다.

믿음이란, 한 사물이나 사람을 믿고 신뢰하는 것이었다. 그리고 내가 배운 것 한 가지가 더 있다. 바로 믿음에는 믿으면 좋은 믿음이 있고, 믿으면 오히려 해가 되는 믿음이 있다는 것이었다. 믿으면 좋은 믿음은 꼭 믿어야 하는 것과 같다. 오셀로가 아내 데스데모나를 믿어야 하는 것은 당연한 것이고, 그것은 일종에 믿으면 좋은 믿음이다. 하지만 오셀로는 이아고의 거짓말을 믿고 자신의 아내를 죽이는 선택을 했다. 그러므로 이것은 믿으면 오히려 해가 되는 믿음인 것이다. 나는 그래서 다른 사람을 분별해서 믿어야겠다고 느꼈다.

이 글은 『셰익스피어 4대 비극』 가운데 하나인 「오셀로」를 읽고 어떤 아이가 쓴 글이다. 생각의 깊이가 사뭇 깊다. 가히 꼬마 철학자라고 할 만한 사고력이다. 이런 일이 가능한 것은 고전이 아이에게 화두를 던져 생각하게 만들었기 때문이다.

사고력은 관찰, 비교, 분류, 추론, 유추 등을 통해 사실들 사이의 관계나 구성 등을 파악하는 능력이다. 예를 들어 목적지까지의 거리를 비교하여 지름길을 선택하고 인과관계를 유추하여 다음 일어날 일을 예측한다. 사고력이 높은 사람은 모든 것을 경험해 보지 않아도 알 수 있고, 정보가 부족해도 정답과 유사한 결론을 내릴 수 있어 학습 속도가 빠르다. 지능과도 큰 상관관계가 있는데, 사고력을 키우면 지능도 함께 향상된다.

과목 중 특히 사고력이 많이 요구되는 건 수학이다. 긴 서술형 문제를 읽고 그 문제를 이해해야 할 뿐만 아니라, 분석, 추론, 종합과 같은 사고력을 동원해야만 문제 해결이 가능하다. 또한 사고력이 높은 아이일수록 정형화된 문제 해결 방식이 아닌 남이 생각하지 못한 기발한 방식으로 문제를 해결한다.

두서없는 글쓰기, 맹목적인 주장을 하는 아이

고학년으로 갈수록 많은 아이가 회장이나 반장과 같은 학급 임원을 하고 싶어 한다. 리더십을 쌓기 위해서거나 상급 학교 진학에 도움을 받기 위해서 등 그 이유는 다양하다. 그래서 학급 임원을 뽑는 일은 경쟁이 치열하다.

학급 임원이 되기 위해서는 친구들의 지지가 결정적인데, 만약 후보자들의 지지율이 비슷하다면 선거 연설에서 승부가 갈린다. 상대적으로 논리 정연하고 설득력 있게 말하는 아이가 뽑힐 확률이 높은 것이다.

피아제의 인지 발달 이론이나 콜버그의 도덕성 발달 이론에 근거해서 초등학생을 구분하면, 저학년 때는 소리를 통해서 상상의 세계를 넓혀 가는 '소리기', 중학년 때는 경험을 통해 삶의 세계를 넓혀 가는 '경험기', 고학년은 줄기 생각을 활용해서 논리의 세계를 넓혀 가는 '논리기'로 볼 수 있다. 이런 발달 특성 때문에 고학년으로 갈수록 논리력을 갖춘 아이들이 주목받기 시작한다. 또한 교과에도 토의

나 토론 같은 논리성을 강조하는 내용들이 많이 등장하기 시작한다.

그래서 고학년이 되면서 말을 잘하는 아이들이 점점 또래 문화의 중심에 서기 시작한다. 수업 시간에 교사의 질문에 조리 있게 대답하거나 어떤 문제에 대해 근거를 바탕으로 주장을 펼치는 아이가 인정받는 것이다. 그리고 이런 아이들이 또래의 여론을 주도하기 시작한다.

논리적 사고력이란 어떤 글을 읽거나 남의 말을 듣고 주장의 타당성을 분별하거나 인과관계에 맞게 논리적으로 의견을 펼칠 수 있는 능력이다. 정보를 비교·분석하고 판단하는 과정이 반드시 수반되어야 하기 때문에 고등 사고력에 해당한다. 논리적 사고력이 뛰어난 아이는 비판적 사고력과 판단력이 뛰어나다. 그래서 다양한 정보를 커다란 줄기 아래 적절하게 배열하는 능력이 뛰어나 일목요연하게 생각을 잘 풀어놓는다.

논리적 사고력이 부족한 아이들은 글을 뒤죽박죽 두서없이 쓴다. 글의 앞뒤가 바뀌어 있기 일쑤며, 주제가 없는 경우가 허다하다. 이뿐만 아니라 다른 사람의 말이나 글의 타당성을 파악하지 못한다. 특히 토론 수업을 할 때 이러한 모습이 두드러지는데 상대방의 말에 무턱대고 반대를 하거나 찬성을 하는 맹목성을 보인다.

교사로서 요즘 아이들을 대할 때 가장 답답하고 화가 나는 순간은 잘못했을 때의 아이들의 태도다. 왜 그런 행동을 했느냐고 물으면 아이들은 천연덕스럽게 "그냥요."라고 대답한다. 자기가 왜 그런 행동을 했는지도 모르고, 자기 행동이 어떤 결과를 초래할지도 모르는 채

일단 저지르고 보는 것이다. 어찌 보면 무례한 아이라고 생각하고 넘길 수도 있지만, 이러한 행동은 논리적 사고력이 부족한 결과이기도 하다.

논리적 사고력을 기르기 위해서는 논리적 구조가 탄탄한 책을 자주 접해야 한다. 흔히 논리적 사고를 높이는 방법으로 신문 사설을 많이 권한다. 물론 효과가 좋다. 단 초등학생에게 사설은 어려울 수가 있다. 온갖 사회, 정치적 이야기가 얽혀 있기 때문에 만약 아이가 부담스러워한다면 고전으로 접할 것을 권하고 싶다. 특히『플라톤의 대화편』이나 『논어』를 추천한다. 이 두 책은 한 주제에 대해 스승과 제자들이 나눈 이야기다. 이들이 주고받은 대화는 대단히 논리적이어서 읽다 보면 저절로 논리적 사고를 배울 수 있다. 고전 문학 역시 사건 전개의 비약이 없고 구조가 치밀하여 논리적 사고력 형성에 도움이 된다.

리더들의 창의력 향상법

한 조사 자료에 의하면 미국 1,000대 기업의 최고 경영자들 중에 경영학을 전공했거나 경영학 석사학위(MBA)를 소지한 사람은 전체의 3분의 1도 안 된다고 한다. 경영학보다는 철학, 문학 같은 인문학을 전공한 사람들이 더 많다. 예를 들면 휴렛팩커드(HP)의 전 최고 경영자인 칼리 피오리나는 철학을 전공했고, 월트 디즈니의 전 회장인 마이클 아이스너는 문학과 연극을 전공했다. 생물학을 전공한 델 컴퓨터 회사의 마이클 델 회장은 "창의적 사고가 중요한 것이지 대학 전공은 경영 자질과 무관하다."라고 말하기도 했다.

무슨 일을 하든 전공보다 창의력이 중요하다는 것을 보여 주는 인물들은 하나같이 독서를 통해 창의력을 향상시켰다고 말한다. "독서가 얼른 보기에는 창조와는 다르게 보일지 모르나, 실제로는 깊은 의미에서 비슷한 것이다."라고 미국의 문학가 H.V. 밀러는 말했다.

"독서는 나에게 많은 정보를 제공해 주었습니다. 독서가 주는 커다란 유익은 나의 상상력을 자극한다는 점입니다. 나는 독서가 제공하는 상상력으로 지금의 싱가포르를 만들었습니다. 지금의 싱가포르는 나의 독서 상상이 하나의 실체로 나타난 것뿐입니다."

1959년부터 1990년까지 수상을 지내며 가난과 부패에 찌든 싱가포르를 국제 금융 도시로 탈바꿈시킨 리콴유가 한 말이다. 그는 현재의 싱가포르는 독서에서 얻어진 상상력의 산물이라고 고백하고 있다. 실제로 그는 청년 시절 신간 서적을 빨리 읽기 위해 부두에 나가 책을 싣고 오는 배를 기다렸다고 할 정도로 대단한 독서광이었다.

작가들은 사람들이 무심코 지나치는 것들에서 새로운 점을 발견하거나 서로 관련 없어 보이는 것들을 연결해서 새로운 세계를 만들고 이를 언어로 보여 준다. 고전의 저자들처럼 뛰어난 작가일수록 엄청난 통찰력과 상상력으로 우리의 시야를 넓혀 준다. 그래서 고전 작품에 계속 노출되다 보면 그 책을 읽은 사람도 창의력이 풍부해지는 것이다.

교과서가 쉬워진다

the great book

    고학년이 될수록 성공적인 독서 경험이 무엇보다 중요하다. 살짝 버거운 책을 끝까지 읽어 낸 아이는 굉장한 성취감을 얻는다. 스스로에게 자부심을 느끼고 자신의 능력을 높이 평가하게 된다. 그 후로는 책에 대한 흥미가 높아지고 독서에 대한 자신감을 가지게 된다.

    나 역시 비슷한 경험을 한 적이 있다. 고3 때 대학입시를 마친 후 펄 벅의 『대지』라는 작품을 읽었다. 재산을 모아 빈농에서 대지주가 된 왕룽과 그 일가의 역사를 그린 작품으로, 당시 중국에서 살았던 작가는 중국 사회의 모습과 중국인들의 삶을 약 500쪽에 걸쳐 섬세하게 묘사했다. 책의 내용도 내용이지만 이 책을 읽고 난 뒤 느꼈던 뿌듯함과 성취감은 지금도 생생하다. 이전에는 이렇게 두꺼운 책을 읽은 적이 없었기 때문이다. 이후로는 두꺼운 책에 대한 두려움이 사라졌다.

어려운 책을 읽고 나면 독서에 왠지 모를 자신감이 생긴다. 지리산이나 한라산을 오르고 나면 동네 뒷산이 아무것도 아닌 것처럼 느껴지듯 말이다. 아이들 역시 자신의 능력에 버거운 고전을 읽은 후 독서에 대한 자신감이 급상승하는 경우가 많다.

아이들과 한창 『논어』를 읽을 때였다. 국어 시간, 논설문을 읽고 주장과 근거를 찾아내는 수업을 하고 있는데 한 남자아이가 "선생님! 『논어』를 읽어서 그런지 교과서가 너무 싱거워 보여요."라고 말하는 것이었다. 다른 아이들도 맞장구를 치면서 "맞아요. 교과서가 갑자기 쉽게 느껴져요."라고 외쳐 댔다. 평소 같았으면 머리를 싸매고 힘들어했을 아이들이 교과서가 쉽게 느껴진다니 뿌듯하기도 하고 놀랍기도 하였다.

"아이가 고전읽기를 하면서 글밥이 많은 책에 대한 거부감이 없어지고, 긴 글을 읽어 내려가는 끈기를 가지게 된 것 같아요."

3학년의 한 학부모가 고전읽기에 대해 해준 평가다. 어떤 아이들은 책 읽기 속도가 예전보다 빨라졌다며 자랑하기도 했다. 고전을 읽는 사이 자신들도 모르게 독서 근육이 붙어, 독서 실력이 향상된 것이다.

중독과 몰입의 차이를 경험한다

영화를 즐기는 사람이라면 이런 경험을 한두 번쯤 해봤을 것이다. 30분밖에 안 지난 것 같은데 2시간이 넘는 영화가 끝나 있는 경험 말이다. 이는 깊은 몰입의 증거로, 비슷한 경험을 여러 번 하다 보면 영화 마니아가 되기 쉽다.

독서도 마찬가지다. 아이에게 독서 습관을 만들어 주려면 '독서 몰입'을 경험시켜야 한다. 책을 읽다 보면 내용에 빠져들어 등장인물의 감정과 상황을 내 것처럼 느끼는 경우가 있다. 독서 몰입 즉 책과 내가 하나가 되는 물아일체(物我一體)의 상태가 되는 것이다. 『하루 30분 혼자 읽기의 힘』의 저자인 낸시 앳웰은 독서 몰입을 '리딩존'이라는 말로 표현하기도 했다.

독서 몰입에 빠지게 되면 '영화보다 더 재미있는 머릿속 영화'가 펼쳐지며 내가 현재 몇 쪽을 읽고 있는지, 언제 책장을 넘겼는지, 옆에 누가 있는지를 전혀 눈치채지 못하게 된다. 정신이 몽롱해지고 시간이 엄청나게 빨리 흘러가는 것처럼 느껴진다.

고전읽기 시간은 보통 40분 동안 진행되는데, 어느 순간 아이들이 몰입하고 있음을 느낄 때가 있다. 이때 누군가 방해라도 하면 극도의 불만감을 표출한다. 쉬는 시간을 알리는 종소리에도 여기저기에서 안타까운 탄식이 터져 나온다. 이런 독서 몰입의 경험이 많을수록 독서 습관이 붙을 확률이 높아진다.

독서 몰입을 위해서는 조용한 분위기, 30분 이상의 독서 시간, 부모의 조언과 격려 그리고 양서가 있어야 한다. 좋은 영화가 관객들을 몰입시키듯이, 좋은 책이 독서 몰입에 빠지게 한다. 특히 유명한 고전 문학들은 구성이 워낙 탄탄하여 몰입의 경험을 더욱 쉽게 선사한다. 처음부터 집중할 수 있는 것은 아니지만 일단 몰입하기 시작하면 그 정도가 아주 깊다. 그리고 이런 몰입은 어른들에게도 어려운 작품을 아이들도 충분히 이해하게 만든다.

여기서 굳이 몰입의 경험이 고전이어야 하느냐고 반박할 수 있다. 일반 책도 물론 가능하겠지만, 고전에 비해 깊이가 얕기 때문에 몰입의 정도와 확률이 줄어든다. 굳이 집중하지 않아도 읽을 수 있는 책으로는 몰입을 경험할 수 없다.

알아야 할 것은 '몰입'과 '중독'의 차이다. 어떤 부모는 아이가 만화책을 보거나 게임을 할 때는 집중력이 강한 반면에, 공부를 할 때는 5분도 못 앉아 있다며 그 이유를 궁금해한다. 그것은 몰입과 중독의 차이를 모르기 때문이다. 몰입이란 극도의 집중 끝에 경험하는 것이다. 예를 들어 수학 문제를 풀거나 암기를 할 때는 집중을 위해 주위 환경도 집중 모드로 바꾼다. 이에 반해 중독은 애쓰지 않아도 저절로 빠져든다. 컴퓨터 게임을 하거나 만화책을 볼 때처럼 노력하지 않아도 빠져드는 것이 중독이다.

아이가 중독 성향이 강하다면, 함께 고전 문학을 읽어 보자. 중독의 위험을 미리 방지해 주고, 몰입을 경험하게 해주는 것이다.

지식을 가지고 놀게 한다

the great book

    독일의 인지심리학자 퀼러는 문제 해결 과정을 설명하기 위해 침팬지를 대상으로 실험을 하였다. 그는 배고픈 침팬지를 우리 안에 가두고 천장에 바나나를 매달아 놓았다. 우리 안에는 상자와 막대기를 넣어 두었다. 침팬지는 처음에는 바나나를 따서 먹기 위해 있는 힘껏 껑충껑충 뛰다가 뜻대로 되지 않자 씩씩거리며 우리 안을 왔다 갔다 했다. 이윽고 지쳐 구석에 쪼그리고 앉은 침팬지는 천장의 바나나와 주변 환경을 한참 지켜보더니 갑자기 상자를 끌어다 놓고 그 위에 올라가 막대기로 바나나를 따서 먹기 시작했다.

    이 실험은 어떤 문제를 해결할 때 중요한 것은 시행착오나 지식, 과거 경험 등이 아니라 문제들 간의 관계를 파악하는 통찰력임을 보여 주고 있다. 그래서 이 실험에 근거한 퀼러의 인지설을 '통찰설' 혹은 '아하(A-ha)설'이라고 부른다.

이 실험은 우리에게 난해한 문제의 해결책을 찾기 위해서는 문제에서 잠시 벗어나 거리를 두고 통찰할 수 있어야 함을 알려 준다. 그리고 이러한 문제 해결력은 학년이 올라갈수록 더욱 더 중요해진다.

인문학적 깊이가 차이를 낳는다

세계 3대 디자이너로 손꼽히는 전 BMW 총괄 디자이너 크리스 뱅글은 굴지의 회사들이 서로 스카우트를 하지 못해 안달이 난 인물이다. 실제로 몇 년 전에 삼성에서도 스마트폰 디자인을 위해 그에게 수십억의 연봉과 자가용 제트기까지 제공하며 모셔 오기도 했다.

굴지의 회사들이 그를 선호하는 것은 그의 탁월한 디자인 실력 때문이다. 그의 디자인은 다른 디자이너들과 분명한 차별성이 있는데, 그것은 디자인에 인문학적 깊이를 담아낸다는 것이다. 실제로 그가 디자인했던 BMW Z4 스포츠카는 '선악과를 따 먹고 부끄러워하는 이브의 모습'을 담으려고 했다고 해서 큰 관심을 불러일으키기도 했다. 이처럼 그의 디자인에는 인문학적 해석과 통찰력이 담겨 있다.

뱅글은 디자이너이면서도 특이하게 위스콘신 대학에서 인문학을 전공하였다. 물론 그 후 디자인을 전공하기는 했지만 통찰력의 깊이가 느껴지는 디자인은 그의 인문학적 소양에서 나오는 것이다.

『한국의 젊은 부자들』이라는 책에서 젊은 부자의 독서 행태를 분석했다. 그들은 보통 1년에 30권의 책을 읽었으며, 그들의 멘토로 친구나 가족이 아닌 '책'을 꼽았다. 부자들이 읽는 책이니 경제 경영서나 실용서가 많을 것으로 생각하겠지만, 그들이 애독하는 책은 마키아벨리의『군주론』, 에드워드 기번의『로마제국 쇠망사』, 노자의『도덕경』과 같은 고전들이 다수였다. 삼성의 고 이병철 회장이나 현대의 고 정주영 회장 등은『논어』를 최고의 애독서로 삼았다. 이뿐 아니라 신세계 구학서 전 회장은『논어』를 윤리 경영의 토대로 삼았다.

그들이 공통적으로 고전을 아끼고 애독하는 데에는 특별한 이유가 있다. 그들은 고전을 통해 돈과 인간의 내면을 이해하고 사회의 장기적인 흐름을 배웠다고 한다. 인간과 사회에 대한 통찰력과 안목을 익힌 것이다.

문제 해결력이란 자신이 처한 문제 환경에서 해결 방법을 모색하는 능력이다. 이 능력은 처음 본 문제나 어려운 문제를 풀 때도 도움이 되며, 일상생활에서 위기에 처했을 때 극복할 수 있는 힘이 되어 준다.

특히 고전은 많은 사람이 삶의 모토와 교훈으로 삼을 정도로 다양한 대안을 제시해 준다. 전술 방법을 알려 주는『손자병법』만 해도 다양한 상황 속에서 행동의 방향을 제시해 주는 지침이 되기도 한다. 고전 문학에는 항상 문제와 갈등이 있고 등장인물들이 그 문제를 해결해 가는 과정이 하나의 이야기가 된다. 책을 읽으면서 '나라면 어떻게 할까?' '이 문제의 결말은 어떻게 날까?'와 같이 나름대로 그 문제를 해결하기 위해 끊임없이 고민하게 된다. 이야기를 따라가는 사이 자연스럽게 문제 해결력이 길러지는 것이다. 또한 등장인물들이 문제를 해결하는 방법을 통해 문제 해결법을 배우기도 한다. 예를 들어 『15소년 표류기』의 소년들을 통해 갈등과 어려움을 극복하는 방법을, 『제인 에어』에서는 가난한 고아로 태어난 제인 에어가 현실을 극복하고 자기만의 삶을 개척해 나가는 과정을 통해 신분과 계급이라는 주어진 환경에 굴하지 않고 당당히 살아 나가는 방법을 배우게 된다.

한번 습득한 문제 해결력은 전이력이 있어 비슷한 문제 상황에서도 그 능력이 발휘된다. 이는 우리가 고전을 가까이하고 아이들에게 고전을 읽혀야 하는 절대적인 이유라고 할 수 있다.

어디서나 환영받는 인재가 된다

우리 현실에 비추어 볼 때 미국의 세인트존스 대학은 좀 독특한 대학이다. 이 대학은 1696년에 설립된 대학으로 미국에서 세 번째로 오래된 대학이자, 전교생은 400여 명에 불과하다.

이 대학이 주목을 받는 이유는 교육 과정 때문이다. 이 대학은 4년 동안 정치, 경제, 역사, 철학, 문학, 심리, 물리, 신학 등 다양한 고전

100권을 읽는 것으로 유명하다. 이 학교의 교수는 가르치는 사람이 아니다. 학생과 동등한 자격으로 고전에 대해 토론할 뿐이다. 그래서 이 학교에서는 교수를 프로페서(professor)라고 하지 않고 개인 교사나 후견인이라는 의미의 투터(tutor)를 쓴다고 한다. 일반적인 시험은 없지만 교수 서너 명이 학생 한 명에게 집중 질문을 던지는 종합 평가와 교수와 짝을 이뤄 진행되는 글쓰기는 아주 지독한 것으로 유명하다.

이런 독특한 교육 과정으로 이 대학은 미국의 주요 언론에서 최고의 학사 과정으로 뽑히기도 했다. 뿐만 아니라 이 대학 출신의 졸업생들은 아주 인기가 대단하다고 한다. 뉴욕의 월스트리트에서 이 학교 졸업생들을 서로 스카우트해 가려고 할 정도라고 한다. 그 이유는 무엇일까?

이 대학에서 고전읽기에 중점을 두는 이유는 다양한 독서를 통해 기초 학문 능력을 쌓기 위해서다. 이렇게 쌓인 기초 학문 능력이 문제 해결력과 창의력을 길러 준다고 믿기 때문이다. 학교의 이런 믿음대로 이 대학에서 배출한 졸업생들은 사회에서 발군의 기량을 발휘하며 활약하고 있다.

고전을 읽으면 고리타분한 사람이 되는 것이 아니라 시대를 리드하는 통찰력과 창의력을 갖춘 환영받는 인재가 될 수 있다는 것을 세인트존스 대학이 증명하고 있다.

외운 지식과 정보는 힘이 약하다

지혜와 지식은 다르다. 지혜는 지식을 바탕으로 하지만 지식과는 다르다. 지식이 구슬이라면 지혜는 그 구슬을 꿸 수 있는 통찰력이다. 다양한 지식 구슬들을 활용하는 힘인 것이다.

지식을 가진 사람은 남이 만들어 놓은 길을 따라가지만, 지혜로운 사람은 자기만의 길을 만들어 간다. 오늘날에는 지식이 많은 사람보다 그 지식을 잘 활용하고 조합하여 새로운 것을 만들어 낼 줄 아는 인재가 필요하다.

한 원로 법조인에게 후배 법조인들을 위한 조언을 부탁하자 이렇게 말하는 것을 보았다.

"사실 1~3년차 변호사들은 로펌에 큰 도움이 되지 않아요. 요즘 의뢰인들은 인터넷을 뒤져 관련 판례나 기록을 다 찾아옵니다. 이제 변호사에게 요구되는 건 법률 지식이 아니라 지혜입니다. 법적 판단력입니다."

지금 시대는 단순히 법률 지식을 외우는 판검사나 변호사가 필요한 것이 아니다. 지혜와 판단력이 있는 법조인이 필요한 것이다. 이런 지혜와 판단력을 소유하기 위해서는 어떻게 해야 하는 것일까? 다이제스트로 편집된 교과서나 참고서를 통해서는 단순한 지식밖에 얻지 못할 것이다. 역사, 철학, 인문, 문학과 같은 고전을 붙들고 '사람은 무엇으로 사는가?' '어떻게 살 것인가?'와 같은 문제를 고민하는 과정에서 지혜와 통찰력이 생길 수 있다.

6학년 남자아이가 『논어』를 읽고 다음과 같은 글을 썼다.

"『논어』에는 우리가 생활 속에서 고쳐야 하는 것들이 많이 담겨 있다. 내 생각에 공자는 보통 사람이 아니다. 공자는 마치 미래를 볼 수 있는 초능력자처럼 느껴진다."

어린아이 눈에 공자가 미래를 볼 수 있는 초능력자처럼 느껴진 이유는 무엇일까? 공자가 지혜자이며 통찰자이기 때문이다. 그리고 그런 사람들이 쓴 고전을 읽는다면 아이도 자연히 그런 능력을 습득할 수 있을 것이다.

눈앞의 성적이 아닌
학습 능력을 잡는다

고전은 아이의 어휘 세계를 넓혀 준다

책은 아이의 어휘력을 결정한다. 고전 문학은 어휘력과 표현력이 뛰어나다. 한 폭의 그림과도 같은 글을 읽는 사이 저절로 그 어휘들을 학습하게 된다. 또한 고전 문학에는 한자어나 고어가 많다. 이는 아이들이 고전을 읽기 힘들어하는 이유이지만 그만큼 새로운 어휘에 대한 자극이 많다고 할 수 있다.

글이 쓰고 싶어진다, 글쓰기가 편해진다

평소 독서량이 많다고 하더라도 정보를 찾으며 글자를 읽는 방식에 익숙하다면 글쓰기에는 아무런 도움이 되지 않는다. 글쓰기는 기술이 아니라 사고와 통찰의 과정이기 때문이다. 고전을 읽으면 단어에 내포된 심층적 의미를 파악하기 위해 노력하게 된다. 이 과정에서 깊고 긴 읽기 호흡이 길러지고 글쓰기에 필요한 스키마를 갖게 된다. 그리고 무엇보다 아이들로 하여금 창작의 욕구를 불러일으킨다. 고전읽기 이후 작품에서 받은 감동을 시나 글로 표현하는 아이들이 부쩍 늘어나는 것도 이 때문이다.

가장 100점 받기 힘든 국어, 평균 95점의 비결

특별히 국어 공부에 신경을 쓴 적도 없으며, 고전읽기로 국어 시간이 줄어들었음에도 아이들이 최고 점수를 기록했다. 고전처럼 수준 있는 책을 읽다 보니 어느 순간 수업 중 교과서가 쉽게 느껴진다는 아이들이 늘어났다. 그리고 그 효과가 국어 점수에서 드러난 것이다.

처음 보는 문제도 척척 풀어낸다

고전을 읽으면 사고력이 발달한다. 논리적 구조가 탄탄한 글을 읽는 사이 자연스럽게 논리 구조를 배우게 되며, 내용을 계속 되새김질하며 읽는 사이 사고력이 발달하는 것이다. 사고력이 높은 사람은 처음 보는 문제도 해결법을 찾아내며, 새로운 방식으로 문제를 해결한다. 지능과도 많은 상관관계가 있는데, 사고력을 키우면 지능도 함께 향상된다.

문제 해결력이 좋아진다

고전 문학에는 항상 문제와 갈등이 존재한다. 이 문제들이 해결되는 과정을 읽으며 아이는 나름대로 해결책을 고민하고 문제 해결법을 배운다. 이 과정에서 문제 해결력이 좋아진다.

초등 아이에게 고전을 읽히기란 쉽지 않다. 하지만 시간을 투자하여 한 권이라도 읽혀 본다면 그 효과를 확인할 수 있다. 고전읽기를 성공적으로 시작하기 위해서는 세심한 준비 단계를 거쳐야 한다.

이것만 잘 이루어진다면, 고전에 대한 심리적인 장벽을 줄이고, 고전읽기 효과를 높일 수 있다.

5장

고전읽기를 성공적으로
시작하는 법

첫인상이 좋아야
시작이 즐거워진다

the great book

　지금까지 읽어 오면서 고전읽기의 중요성과 유익함에 대해 충분히 공감하였으리라 생각한다. 그동안 전래 동화나 창작 동화 위주의 책 읽기에 만족한 부모, 혹은 고전에 대한 어려움 때문에 아직 시도해 보지 못한 부모, 초등학생에게 고전은 아직 무리이며 중학교 때 시작해도 늦지 않을 것이라고 생각한 부모 모두 초등 자녀에게 왜 고전을 읽혀야 하는지, 그 필요성을 깨닫게 되었을 것이다.

　물론 초등 아이에게 고전을 읽히기란 쉽지 않다. 하지만 시간을 투자하여 한 권의 고전이라도 읽혀 본다면 그 효과를 확인할 수 있을 것이다. 나 역시 아이들에게 고전을 읽히는 것이 쉽지 않았다. 책 자체를 싫어하는 아이는 물론이고, 평소 책을 좋아하던 아이도 처음 고전을 접할 때는 낯설어하고 힘들어했다. 그래도 포기하지 않고 읽혔더니 기대 이상의 효과들이 하나둘씩 나타나기 시작했다. 그러니 포기하지 말고 꾸준히 읽혀 보길 바란다.

평소 책을 싫어하는 아이라면 본격적인 독서에 들어가기 전 세심한 준비 단계를 거쳐야 성공적으로 고전읽기를 할 수 있다.

'선입견'이라는 우리말은 뉘앙스가 별로 좋지 않게 느껴진다. 하지만 좋은 의미의 선입견은 때때로 좋은 결과를 야기하는 기폭제가 되기도 한다. 특히 고전읽기에 대한 좋은 선입견은 나쁜 편견을 없애 주고 심리적인 장벽을 줄여 준다. 뿐만 아니라 효과를 높여 주는 촉매제로 작용한다.

> ✎ 나는 6학년 되서 처음으로 고전을 읽게 되었다. 사실 이런 일이 일어날 줄은 꿈에도 몰랐다. 그리고 『논어』같이 번호가 쓰여 있고 그 번호에 따라 글이 써 있는 책도 처음 읽어 본다.
> 원래 이런 책이 있는 줄도 모르고 살았다. 표지부터가 정말 맘에 들지 않았다. 선생님도 너무하시지? 이런 책을 어떻게 읽으라고.

이 글은 한 아이가 고전읽기 프로젝트로 『논어』를 읽게 된 후 자기 심정을 토로한 일기다. 사실 고전읽기를 시작할 때 많은 아이가 이와 같은 편견과 거부감을 갖고 있었다. 그래서 무엇보다 고전은 어렵고 재미없다는 생각들을 불식시키는 작업이 필요했다.

아이들에게 논술이나 대학 입시에 도움이 된다는 식의 현실적인 이유를 들려주니 조금은 수긍하는 분위기였다. 하지만 무엇보다도 '고전은 시대를 초월한 가치를 담은 책'이라거나 '한 권을 읽으면 100권 이상을 읽은 효과를 얻을 수 있는 책'이라는 등 고전의 가치를 인식시키는 방법이 가장 효과적이었다. 내가 얼마나 가치 있는 책을 읽고 있느냐 하는 동기 부여가 아이들에게 고전읽기를 어려워하면서도 도전하고 지속하게 하는 힘이 되는 것 같았다.

그래서 나는 아이들에게 고전을 읽히기 전에 이 과정에 많은 정성을 들였다. 『논어』, 『소학』, 『명상록』, 『플라톤의 대화편』과 같은 인문·철학 고전은 '특별한 1%만이 읽는 책'이다, 이 책을 읽은 사람과 읽지 않은 사람은 하늘과 땅만큼 차이가 난다 등 아이들 스스로 대단한 책을 읽고 있다는 생각을 심어 주는 데 주력했다.

문학 고전의 경우에는 그 작품의 가치나 작가의 위대함을 적극 어필하였다. 예를 들어 『천로역정』은 『성경』 다음으로 많이 팔린 책이다. 『오만과 편견』의 저자인 제인 오스틴은 지난 200년 동안 영국 국민들의 사랑을 독차지하며 심지어 10파운드 지폐의 인물로 선정될 만큼 존경을 받고 있다. 『셰익스피어 4대 비극』의 저자인 셰익스피어는 영국이 인도와도 바꾸지 않는다고 할 만큼 자랑스러워하는 작가이며, 그의 희곡은 매일 연극으로 공연될 만큼 유명한 작품이라는 식으로 강조하는 것이다.

그러면 처음에는 시큰둥했던 아이들도 십중팔구 '그럼 한번 읽어 볼까?' 하며 관심을 보이기 시작하고 고전 속으로 빠져들었다.

집 안에서 텔레비전은
어디에 있는가?

the great book

많은 부모가 아이의 독서 문제로 고민한다. 그런 부모에게 내가 먼저 묻는 질문이 있다. 바로 집에 텔레비전이 있느냐 하는 것이다. 있다고 하면 어디에 있는지도 묻는다. 만약 거실이라고 대답한다면 아이의 독서는 실패라고 생각해도 무방하다. 텔레비전을 곁에 두고 독서할 수 있는 아이는 거의 없기 때문이다. 따라서 집에서 아이에게 고전을 읽히고 싶다면 가장 먼저 텔레비전을 없애야 한다. 최소한 거실에 있는 텔레비전은 없애길 바란다.

보통 아이들은 텔레비전을 보거나 게임을 하면서 쉰다고 말하는데, 그렇지 않다. 미국의 유명한 교육심리학 박사 벤저민 블룸은 텔레비전을 '시간의 적'이라고 규정하고, "텔레비전이 소리 소문도 없이 사람들의 귀중한 시간을 훔쳐 간다."고 하였다.

텔레비전을 자주 보다 보면 수동적인 즐거움에 익숙해진다. 텔레비전, 컴퓨터와 같은 영상물은 아이들의 감각 기관 중에서 시각 기관에만 집중적으로 자극을 준다. 지극히 수동적이며 한정된 자극으로 균형 있는 뇌 발달을 기대하기 힘들다.

반면에 독서는 능동적인 즐거움을 제공한다. 인간의 이성을 통제하고 조절하는 전두엽과 감정을 통제하는 변연계의 기능을 활성화시킨다. 책을 읽는 동안 뇌의 모든 부위가 끊임없이 사용되기 때문에 뇌는 상당히 피곤하지만 이러한 자극이 뇌를 발달시킨다.

사람들은 영상 정보를 보다 쉽고 빠르게 받아들이고 금방 잊는다. 그러나 문자 정보는 오래 기억한다. 영상 정보는 연출가의 사고 과정을 통해 만들어진 정보지만, 문자 정보는 읽는 이의 사고 과정을 거쳐 기억되는 정보이기 때문이다.

물론 텔레비전, 컴퓨터처럼 수동적이고 강한 영상 자극에 매료되기 쉽다. 특히 아이는 더욱 그렇다. 이런 자극에 익숙해진 아이는 책, 교과서를 지루하게 느끼고 기피하게 된다. 그래서 영상 정보에 익숙해진 아이는 고전읽기는커녕 얕은 독서도 제대로 할 수 없다.

아이에게 고전을 읽히고자 한다면 텔레비전을 없앨 것을 강권한다. 이 정도 노력조차 하지 않으면서 자녀가 고전을 읽기를 바란다는 것은 욕심이 아닐까?

거실은 책과 친해지는
최고의 장소다

the great book

텔레비전을 거실에서 없앴다면 다음으로 할 일은 거실을 서재화하는 작업이다. 거실에 책을 비치해 두면 자연스럽게 독서 분위기가 형성되기 마련이다. 집에 책이 많으면 아이는 자연스럽게 책을 읽게 된다.

이를 증명하듯 좋은 대학일수록 도서관 소장 권수에서 차이를 보인다. 서울대는 536만 권, 고려대는 329만 권, 연세대는 330만 권, 성균관대와 부산대가 각각 100만 권 정도의 책을 소장하고 있다. 이들 대학 모두를 합쳐도 하버드 대학의 보유 장서 1,985만 권에는 한참 미치지 못한다. 하버드 대학에는 우리나라 도서관에서도 보기 힘든 『조선왕조실록』, 『승정원일기』까지 구비하고 있다.

다양하고 많은 책이 있을수록 학생들의 수준이 높아진다. 집도 마찬가지다. 아이로 하여금 고전과 가까워지게 하려면 가급적 다양한 책을 접할 수 있는 환경을 만들어 줘야 한다. 거실이야말로 책과 친해질 수 있는 최적의 장소다.

거실을 서재처럼 꾸밀 때는 다음 몇 가지 사항에 유의해야 한다.

첫 번째로 일정 규칙을 세워야 한다. 예를 들어 저녁 8시에는 가족이 모두 모여 책을 읽는다거나, 책 읽는 시간에는 음식물을 삼간다는 등의 규칙을 만들어야 한다. 단 아이와 함께 규칙을 정하고 정한 규칙은 눈에 잘 띄는 곳에 붙여 놓는다.

두 번째로 도서관처럼 문학, 인문학, 실용 등 분류 기준을 정하여 책을 정리해 두는 것이 좋다. 책을 분야별로 나눠 놓으면 아이의 독서 편식을 막을 수 있는 장점이 있다. 하지만 이보다는 가족별로 책꽂이를 정해 놓고 활용하는 방법을 권하고 싶다. 아이 눈높이에 해당하는 공간은 자녀에게 할애하고, 나머지 공간은 부모가 활용하는 것이다. 이때 아이의 책꽂이 공간에 아이가 평소 좋아하는 책보다 고전처럼 권하고 싶은 책을 꽂도록 한다. 좋아하는 책은 어디에 있든 찾아서 읽는 법이다.

마지막으로 아이를 도서관 사서로 임명한다. 아이들은 책임감을 가지고 뭔가 하는 것을 좋아한다. 아이를 가정 내 사서로 임명해 대출 기록장을 쓰게 하는 등 관리를 맡기면 자부심을 느낀다. 이런 자부심은 자연히 책에 대한 관심으로 이어진다.

일주일에 2, 3번,
하루 30분이면 충분하다

the great book

　많은 부모가 학원은 하루라도 빠지면 큰일 나는 것처럼 생각하면서 독서는 하루 이틀 하지 않아도 대수롭지 않게 생각한다. 이런 식으로 책을 읽혀서는 고전은커녕 일반 책도 절대 읽히지 못한다.

　책은 매일 꾸준히 읽는 것이 중요하다. 간혹 아이가 부모는 안 읽으면서 자신한테만 권하는 것에 불만을 품을 수 있다. 그럴 때는 가족 독서 시간을 정해 아이와 함께 책을 읽도록 하자.

　독서 시간은 하루 일과를 모두 마치고 여유가 생기는 저녁 9시 이후, 30분 정도가 적당하다. 보통 아이들은 30분에 50쪽 정도를 읽지만, 고전을 읽을 때는 이보다 훨씬 속도가 느려진다. 30분 동안 문학 고전의 경우 30쪽 내외를, 『명심보감』, 『소학』, 『논어』와 같은 인문 고전의 경우 10쪽 내외를 읽을 수 있다. 아이의 읽기 수준과 책 종류에 따라 하루 독서 분량을 정하는 것이 바람직하다.

30분을 제시하였지만, 아이의 집중력, 독서력, 나이에 따라 읽는 시간을 조절해야 한다. 저학년은 10분에서, 고학년은 20분에서 시작해 조금씩 늘려 나가는 것이 좋다.

해보면 알겠지만 막상 30분 동안 온 가족이 고전읽기에 집중한다는 건 쉬운 일이 아니다. 가족의 특징, 아이의 성향 등을 고려해서 읽기 시간을 정하는 것이 좋다. 또한 처음부터 분량을 정하여 읽히기보다 매일 일정한 시간 동안 고전을 읽는 습관을 먼저 만들어 줘야 한다. 그 후에 읽을 분량을 정하는 게 좋다.

사실 고전에 재미를 붙이기 전까지는 지도와 격려가 필요하다. 아이가 힘들어하면 재미를 느낄 수 있도록 책을 읽어 주거나 친근한 사례를 이용해 풀이를 해줘야 한다. 일주일 내내 고전을 읽히면 아이가 금방 지친다. 처음에는 일주일에 2, 3일 정도가 적당하다. 그리고 고전을 읽는 날에도 고전을 읽는 시간이 끝나면 자유롭게 읽고 싶은 책을 읽게 한다. 아이가 고전읽기에 익숙해지는 모습을 보이면 고전을 읽는 날과 시간을 조금씩 늘려 가자.

읽은 후에는 서로 읽은 내용에 대해 이야기하는 시간을 가진다. 이 과정을 통해 아이의 사고력이 향상되고 말하기·듣기 실력이 좋아진다. 돈독해지는 가족 간의 유대감은 덤이다.

책을 싫어하는 아이에게
고전을 권하는 방법

the great book

사실 책을 좋아하는 아이일수록 고전읽기 역시 성공할 확률이 높다. 책을 싫어하는 아이에게 무턱대고 고전을 권했다가는 십중팔구 실패한다. 이런 아이에게는 먼저 책에 대한 흥미를 유발시켜야 한다.

◆ 고전 책을 선물하라

아이 생일에 책 선물 이상으로 좋은 것은 없지만 평소 책을 싫어하는 아이에게 고전 책을 선물한다면 싫어할 것이 분명하다. 요령은 '1+1'이다. 아이가 평소 갖고 싶어 했던 선물과 함께 책을 선물하는 것이다. 이때 중요한 것은 책에 의미를 부여하는 것이다. 딱 한 권만 사주며 그 안에 엄마 아빠가 보내는 생일 축하 메시지를 적어 준다. 이런 책 선물을 받은 아이는 그 책을 소중히 다룬다.

◆ 도서 대출 카드를 만들어 줘라

〈오프라 윈프리 쇼〉 진행자로 유명했던 오프라 윈프리는 도서관 카드를 가졌을 때 마치 미국 시민권을 얻은 것처럼 기뻤다고 한다. 이 일화를 통해 그녀가 도서관 카드를 얼마나 기쁘고 소중하게 여겼는지를 알 수 있다. 책을 좋아하고 즐겨 읽는 아이일수록 도서 대출 카드를 아낀다. 그렇지 않은 아이도 도서 대출 카드에 늘어나는 책의 수를 보며 자부심을 느끼곤 한다.

만약 아이에게 도서 대출 카드가 없다면, 인근 도서관을 방문해 만들어 주길 바란다. 또한 인터넷 서점의 회원으로 가입시켜 주자. 책에 대한 최신 정보를 언제 어디서나 얻을 수 있다는 점에서 좋다.

◆ 서점 가는 것을 좋아하게 만들어라

놀이 공원에 가면 즐겁게 노는 사람이 많고, 서점에 가면 책을 고르거나 읽고 있는 사람으로 가득하다. 사람은 무엇을 보느냐에 따라 생각이 결정된다. 특히 아이들은 더욱 그러하다. 서점에 진열된 많은 책을 보고 놀라고, 수많은 사람이 책을 읽고 있는 모습에 감동받는다.

아이가 서점 가는 것을 좋아하게 만들려면 서점과 관련된 좋은 경험을 만들어 주면 된다. 서점 가는 날에는 아이가 좋아하는 음식을 사주거나 재미있는 영화를 보여 주는 등 즐거운 인상을 심어 주는 것이다. 이런 경험이 몇 번 반복되면 어느 순간 아이 입에서 "엄마, 우리 서점 언제 가?"와 같은 말이 나올 것이다.

아이가 서점을 친숙하게 생각하도록 만들어 주는 것은 부모의 몫이라고 생각한다. 서점은 책 세계를 구경하고 여행하는 곳이다. 처음에는 책을 구경하다가 나중에는 그 책을 통해 세상을 볼 것이다. 서점은 더 넓은 세상으로 나가기 위한 필수 관문이라고 할 수 있다.

◆ 아이에게 독서 친구를 만들어 줘라

나는 아이들과 한 학기에 한 번씩 가장 감명 깊게 읽은 책을 들고 나와 소개하는 시간을 갖는다. 자기가 읽은 책을 5분 정도 간략히 소개하는 시간인데, 소개가 끝나면 여기저기에서 그 책 좀 빌려 달라고 난리가 난다. 교사나 부모 혹은 권위 있는 독서협회에서 추천한 필독 도서에 비할 바 아니다.

이런 현상은 아이들 특유의 또래 문화 때문이다. 고학년으로 갈수록 친구가 소중해진다. 그 책이 좋든 나쁘든 상관없이 친구가 소개해 준 책이라면 읽으려고 한다.

아이가 책을 싫어한다면 이 점을 활용해 보길 바란다. 독서 친구를 만들어 주는 것이다. 서로 읽은 책을 소개하고 바꿔 읽을 수 있는 친구를 찾아 주자. 친구와 함께한다는 사실에 흥미를 보일 것이다. 때로 독서 친구는 서로에게 경쟁심을 유발하기도 한다. 게다가 이맘때 아이들은 부모에게 말하지 못하는 고민과 비밀들이 생기는데 독서 친구는 이를 나누는 상대가 되어 주기도 한다.

독서 친구를 만드는 방법은 독서 친구가 되어 줬으면 하는 아이에게 가끔씩 책을 선물해 주는 것이다. 책을 좋아하는 아이는 책 선물을 대단히 좋아한다. 그렇게 몇 번 선물을 받다 보면 친구도 자신이 읽은 책을 선물한다. 이런 과정이 반복되면 자연스럽게 독서 친구가 된다.

♦ 책을 소개하는 기사를 읽혀라

신문이나 잡지 등에 소개된 신간이나 책 관련 기사를 스크랩해서 아이에게 보여 주자. 아이가 흥미를 보이면 그 책을 구입해서 읽힌다. 책 소개 기사를 읽다 보면 저절로 읽어 보고 싶다는 생각이 든다. 특히 자신이 관심 있는 분야일 때는 더욱 그렇다. 처음에는 아이가 좋아하는 분야의 책 기사를 스크랩해서 보여 주자. 이후 조금씩 분야를 넓혀 다양한 기사를 접하게 한다.

♦ 독서 이력을 관리하라

그가 어떤 사람인지를 알고 싶으면 이제까지 그 사람이 읽은 책을 살펴보라는 말이 있다. 왜냐하면 읽은 책은 그 사람의 사고와 행동에 엄청난 영향을 미치기 때문이다. 그래서 독서 이력을 관리하는 것이 매우 중요하다. 아이가 받은 상장이나 성적표를 소중히 여기듯이 아이의 독서 이력도 잘 관리해야 한다. 지금까지 읽은 책을 한눈에 볼 수 있도록 정리하면 아이의 독서 편식을 막고 성취감도 선사할 수 있다.

너무 어렵게 생각할 필요는 없다. 아이의 독서록을 모으거나 독서록을 작성하지 않은 책은 간략하게 도서명과 읽은 기간, 짤막한 소감을 적어 보관하면 된다.

추가로 덧붙이자면 입시에서도 독서 이력 관리가 중요해지고 있다. 학생생활기록부에도 독서 이력을 입력하는 공간이 마련될 정도다. 이는 상급 학교에 진학할 때 객관적인 자료로 활용된다. 따라서 아이의 진로를 정했다면 그 진로와 관계 있는 책을 적절히 읽히는 등 독서 이력을 관리할 필요가 있다.

모든 고전이
아이에게 좋은 건 아니다

the great book

증상에 맞는 약을 먹어야 치료에 효과적이듯, 고전 역시 마찬가지다. 모든 고전이 아이에게 좋은 영향을 미치는 것은 아니다. 사실 어떤 고전을 아이에게 읽혀야 할지 고르기란 만만치 않다. 부모에게도 고전이 낯설기 때문이다. 아이가 거부감 없이 고전을 즐기면서도 효과를 이끌어 내기 위해서는 다음 사항들에 유의해야 한다.

초등 눈높이용 책은 삼가라

고전읽기는 아이의 흥미 분야에서 시작하는 것이 좋다. 아이가 이야기를 좋아하면 고전 문학부터 읽히는 것이다. 또한 처음부터 인문이나 수필 분야를 시도하기보다 대부분의 아이는 이야기책을 좋아하므로 이쪽 분야에서 접근하는 것이 좋다.

많은 부모가 고전에 쉽게 접근할 수 있도록 초등 눈높이로 나온 축약된 책을 읽히곤 한다. 하지만 이런 책은 편집 과정에서 빠진 내용이 많아 원전에 비해 작품성이 떨어져 온전한 고전이라 할 수 없다. 심지어 만화로 된 책을 읽히기도 하는데, 이는 책의 대강을 이해하는 데는 도움이 될지 모르나 고전이 주는 수많은 유익 중 일부분밖에 얻지 못한다. 앞에서도 언급했지만 원전 혹은 완역된 책을 읽혀야 한다. 어설프게 내용을 요약하고 쉽게 바꾸어 놓은 책으로는 온전한 고전읽기 효과를 볼 수 없다. 더욱이 이런 책으로 내용을 먼저 접한 아이는 그 책을 이미 읽었다고 착각하여 원전은 읽으려 하지 않는다. 특히 고전 문학에서 이런 문제점이 가장 심하게 나타난다.

시대를 거슬러 올라가라

고전 문학과 창작 동화를 마치 상반되는 개념으로 이해하는 사람이 많다. 하지만 그렇지 않다. 오랜 세월 사랑받은 창작 동화가 고전 문학이 되는 것이다. 창작 동화 중에도 고전 이상의 가치를 가진 책들이 많다.

예를 들어 방정환의 『만년 샤쓰』나 권정생의 『강아지 똥』은 이제 창작 동화라고 부르기가 어색할 정도다. 2002년에 출간된 린다 수박의 『사금파리 한 조각』도 최근 작품이지만 고전이라 해도 손색이 없다. 이 작품은 2002년에 안데르센상과 더불어 세계 최고의 아동 문학상으로 꼽히는 미국의 뉴베리상을 수상했다. 고려시대 다리 밑에서 사는 고아 소년이 도공의 꿈을 이뤄 가는 과정을 그린 것으로, 미국에서만 40만 부 이상 팔린 유명한 책이다. 이런 책들은 100년이 흐른 뒤에도 명작으로 남아 아이들에게 읽혀지고 있을 것이다.

비교적 최근에 출간된 창작 동화부터 시작해서 조금씩 시대를 거슬러 올라가 읽히면 아이가 거부감 없이 고전을 받아들일 수 있다.

단편, 만만하게 보지 마라

고전 문학 중에서 너무 호흡이 긴 작품은 독서력이 뒷받침되어 있지 않은 아이에게는 벅차다. 『제인 에어』는 800쪽이 넘고, 『허클베리 핀의 모험』이나 『비밀의 화원』도 400쪽이 넘는다. 고전 문학을 처음 접할 때는 『마지막 수업』, 『소나기』, 『사랑방 손님과 어머니』, 『마지막 잎새』처럼 단편을, 그중에서도 우리나라 단편 작품부터 시작하길 추천한다. 단편부터 시작하는 것은 아이의 부담감을 줄이기 위한 것도 있지만, 성취감을 금방 얻을 수 있어 고전읽기에 대한 흥미를 높이고 지속할 수 있는 힘이 되어 주기 때문이다.

사실 장편보다 단편이 더 어려울 수 있다. 짧은 글 속에 메시지를 담아야 하기 때문에 겉 이야기만 이해해서는 안 된다. 속 이야기가 의미하는 바까지 깨달을 수 있도록 유의하며 읽어야 한다. 단편이 짧다고 하루에 여러 편을 읽혀서도 안 된다. 오히려 장편은 아이의 독서 능력에 맡기고 읽고 싶은 만큼 읽혀도 문제가 되지 않는다. 그렇게 해도 완독하는 데 많은 시간이 걸려 충분히 음미하며 읽을 수 있기 때문이다. 하지만 단편은 마음만 먹으면 한꺼번에 여러 편을 읽을 수 있다. 이렇게 읽어서는 단편 작품이 주는 감흥을 제대로 얻을 수 없다. 하루에 한두 편 정도만 읽게 하고 읽은 후에는 이야기를 나누는 등 책에 대해 충분히 생각하는 시간을 갖도록 해야 한다.

아이가 특별히 관심을 보이고 좋아하는 단편이 있다면 그 작가의 다른 작품을 권해 보자. 만약 아이가 『톨스토이 단편선』에 관심을 보였다면 톨스토이의 다른 작품인 『전쟁과 평화』, 『부활』을 읽히는 것이다. 이렇게 서서히 장편으로 넘어가야 무리 없이 받아들인다.

캐릭터가 끌리는 책을 먼저 읽혀라

『빨간 머리 앤』, 『어린 왕자』, 『비밀의 화원』, 『키다리 아저씨』, 『내 이름은 삐삐 롱스타킹』, 『톰 소여의 모험』, 이 책들은 아이들이 좋아하는 고전 문학 작품이다. 이런 작품들을 읽힐 때는 교사로서 할 일이 없다. 왜냐하면 아이들 스스로 작품에 몰입해서 책을 읽기 때문이다.

그런데 아이들은 왜 이런 작품을 좋아하는 것일까? 이유는 간단하다. 등장인물의 캐릭터가 마음에 들기 때문이다. 특히 주인공이 매력적이다. 이들 작품에 대한 아이들의 품평을 들어 보면 아이들이 이 작품의 주인공들을 얼마나 사랑하는지 알 수 있다.

- 빨간 머리 앤의 모습이 엉뚱 발랄하지만 공감되고 재미있다.
- 빨간 머리 앤은 내가 가장 좋아하는 캐릭터다. 요즘에 보기 힘든 순수한 아이라서 기억에 많이 남는다.
- 어린 왕자는 내가 가장 좋아하는 캐릭터다.
- 키다리 아저씨는 결말에 반전이 있어 재미있고 나도 누군가의 키다리 아저씨가 되고 싶다.
- 삐삐의 엉뚱한 행동이 정말 좋았고 나도 따라 해보고 싶다.

아이나 어른이나 작품을 읽다 보면 끌리는 작품이 있기 마련이다. 끌리는 이유도 여러 가지가 있을 수 있지만 가장 큰 영향을 끼치는 것이 등장인물이다. 끌리는 등장인물이 있으면 그 작품이 굉장히 좋아진다. 마치 자기가 좋아하는 배우가 등장하면 그 드라마나 영화가 괜히 더 좋아지는 이유와 비슷하다.

자신이 매력을 느끼는 등장인물은 둘 중의 하나다. 자신이 닮고 싶은 인물이거나 자신과 비슷한 캐릭터이거나. 이유야 어쨌든 자신이 흥미를 느끼는 등장인물이 나오는 작품은 저절로 끌리기 마련인지라, 재미있게 읽어 나갈 수 있다. 고전을 읽을 때도 이런 점을 이용하면 좋다. 수많은 고전 작품 중에서 아이가 흥미를 느낄 만한 캐릭터가 등장하는 작품을 먼저 권하면 아이가 고전 속으로 쉽게 빠져들 수 있다.

인문·철학 고전에도
순서가 있다

the great book

- 아무튼 재미없는 책이고 너무 길고 애들이 읽기 어렵다. (6학년 학생)
- 한자로 이루어져 너무 어렵고 무슨 뜻인지 잘 모를 때가 많다.
  (6학년 학생)
- 삶을 어떻게 살아가야 하는지 자세히 알려 준다. 이 학교를 다니지
  않았다면 이런 책은 읽지 못 했을 것 같아 감사하다. (6학년 학생)
- 좋은 구절과 받아들여야 할 구절이 많고 교훈을 준다. (6학년 학생)

이상의 반응들은 6학년 학생들에게 6년 동안 읽은 고전 중에서 꼭
빼거나 남겼으면 하는 책을 꼽으라고 했더니 내놓은 소감이다. 놀라
운 사실은 이렇게 상반되는데 모두 『소학』, 『논어』와 같은 인문·철학
고전에 대한 의견이라는 것이다. 심지어 똑같은 책에 대해서도 극명

하게 의견이 갈린다. 상대적으로 문학, 수필, 시 등의 장르는 이렇게 아이들의 반응이 상반되지 않는다.

그런데 유독 인문·철학 고전은 호불호가 갈린다. 특히 지도하는 교사에 따라 결과가 상당히 다르게 나타난다. 어느 분야보다 지도하는 사람의 역량이나 성향이 큰 영향을 끼친다는 것을 알 수 있다.

많은 부모가 아이들에게 인문·철학 고전을 읽히고 싶어 한다. 그러나 부모조차 낯선 분야인 만큼 어떤 책부터 시작해야 할지, 아직 어린데 이해는 할 수 있을지 고민이 앞선다. 하지만 인문·철학 고전만큼 읽을 만한 가치가 높은 책은 드물다. 또한 부모나 교사가 잘 끌어만 준다면 아이들도 얼마든지 읽어 낼 수 있다.

- 아이가『소학』을 읽은 후 종종 읽은 내용을 생활에 접목시켜 이야 기하는 모습을 보았다. 생활 태도도 더욱 좋아진 것 같다. (4학년 학부모)
- 『논어』를 읽고 나서부터 욕도 줄고, 화도 잘 안 내고, 독서도 더욱 집중해서 하고, 친구들과 잘 어울리게 되었다. (6학년 학생)
- 『논어』를 읽으면서 마음에 편안함을 되찾은 것 같다. (6학년 학생)
- 『소학』을 읽은 후, 요즘 엄마에게 예의 바르게 행동하게 되었다. (4학년 학생)
- 나는 평상시에 수다스러운데『소학』을 읽고 수업 시간에는 말을 하면 안 되겠다는 다짐을 하였다. 이후 집중력이 좋아졌다. (4학년

학생)

• 『사자소학』을 읽은 후, 부모님께 효도해야겠다는 마음이 생겼다.

(2학년 학생)

인문·철학 고전을 읽고 난 후 부모와 아이들의 소감이다. 과연 아이에게 어떤 책을 읽혀야 이런 놀라운 반응이 나올 수 있을까? 잘만 읽힌다면 인문·철학 고전은 교과서나 다른 책과는 비교할 수 없는 힘과 파괴력을 가지고 있다. 이 책을 읽은 아이들 역시 이를 느끼고 있음을 알 수 있었다.

그렇다면 인문·철학 고전은 무엇부터 읽혀야 할까?

조선시대의 최고 학자 이이는 『격몽요결』 제4장 독서편에서 독서의 순서를 다음과 같이 언급하였다. 『소학』 → 『대학』 → 『논어』 → 『맹자』 → 『중용』 → 『시경』 → 『예경』 → 『서경』 → 『주역』 → 『춘추』의 순으로 읽을 것을 권하고 있다. 비교적 읽기 쉬운 순으로 나열된 것인데 읽기 쉽다고 하여 수준이 낮다는 의미는 아니다. 『소학』이 가장 앞쪽에 있는 것은 책의 수준이 낮아서가 아니라 다루는 주제가 좀 더 실생활과 밀접하기 때문이다.

나는 초등학생들에게 저학년 때는 『사자소학』을 읽고, 중학년 때는 『동몽선습』, 『격몽요결』, 『명심보감』, 『소학』을 읽고, 고학년 때는 『논어』, 『채근담』을 읽을 것을 권하고 있다. 하루에 많은 양을 읽기보다 하루에 한두 장씩 읽기를 권한다. 소가 되새김질하듯이 천천히 반복해서 읽을 때 높은 효과를 볼 수 있기 때문이다.

인문·철학 고전은 4단계로 읽으면 효과적인데, 바로 '준비 읽기→ 관찰 읽기→분석 읽기→적용 읽기'다. 인문·철학 고전읽기는 정서적인 감동을 목적으로 하는 문학 독서나 실용적인 지식을 얻기 위해 읽는 실용 독서와는 읽는 목적이 다르다. 인문·철학 고전읽기는 삶의 지혜를 발견하여 지금보다 한 단계 성장하는 것을 목표로 한다. 이 때문에 가슴에 와닿는 구절을 깊이 묵상하고, 그것을 자신의 삶에 적용하고 실천하려는 노력이 무엇보다 중요하다.

『빌헬름 텔』은 알아도
『동명왕편』은 모르는 아이들

the great book

　고전 열풍이 불고 있지만 그 속에서도 우리 고전은 외면당하고 있다. 예를 들어 자기 아들 머리 위에 놓인 사과를 화살로 명중시킨 빌헬름 텔의 이야기는 잘 알지만 이와 비슷한 고려시대 이규보가 지은 『동명왕편』에 수록된 고주몽의 이야기를 아는 아이는 거의 없다. 그리스 로마 신화는 등장인물의 이름부터 시작해서 소소한 이야기까지 다 꿰고 있지만, 우리의 단군 신화는 그 내용조차 잘 모르는 경우가 많다. 안타까운 현실이다.

　『동몽선습』, 『삼국사기』, 『목민심서』, 『율곡집』, 『구운몽』, 『격몽요결』, 『홍길동전』 등 우리나라에도 좋은 고전이 많다. 하지만 외국 고전을 더 자주 접하다 보니 우리 고전이 더 낯설고 멀게 느껴지는 듯하다. 고전에 등장하는 인물들의 생활 방식이나 가치관이 지금과 사뭇 달라 공감대 형성이 힘든 것도 원인이지만, 기본적으로 우리 것에 대한 관심이 부족하고 다른 나라 것을 지나치게 좋게 바라보는 문화적 사대주의가 가장 큰 요인으로 작용하는 듯하다. 자라나는 아이들에게 우리 고전을 읽게 함으로써 우리 것에 대한 관심과 애정을 심어 줄 수 있다.

우리 고전에서 자주 등장하는 주제는 효와 남을 위한 희생이다. 요즘 아이들에게는 부담스럽고 이해하기 힘들다. 그러나 아이들과 고전을 함께 읽는 동안 조금씩 다른 사람을 인정하고 새로운 가치들도 이해하고 받아들이는 모습을 보였다. 상대방과 자신의 의견이 다를 때도 좀 더 유연하고 개방적인 사고를 하게 되었다.

물론 수많은 한자어와 고어가 우리 고전에 대한 부담감을 가중시키기도 한다. 한자 실력이 좋은 아이들이 우리 고전을 쉽게 읽는 것도 이 때문이다. 모르기 때문에 어렵다고 배척하지 말고 자연스럽게 한자를 이해하고 익히는 계기로 삼을 수 있도록 도와줘야 한다.

우리 고전은 민족의 정신적 모유(母乳)라고 할 수 있다. 우리의 전통과 민족의 주체성을 갖기 위해서라도 우리 고전과 더 친숙해져야 한다.

가장 짧지만 깊이 읽어야 하는 고전 명시

the great book

시를 즐겨 읽는 아이는 없다. 시험을 보기 위해 어쩔 수 없이 교과서에 나오는 시 정도를 읽고 공부할 뿐이다. 이는 아이들 탓이라기보다 부모가 시를 멀리하기 때문이다.

우리 사회가 점점 각박해지는 것도 마음속에 시가 사라져서일지도 모른다. 시는 내면을 풍요롭게 해준다. 사랑하면 누구나 시인이 된다고 한다. 감수성이 차오르기 때문이리라.

아이들을 위한 감정 코칭, 감성 교육에 대한 관심이 매우 높아지고 있다. 공부처럼 성과 위주의 활동에 치중하다 보니 아이들의 감정과 정서가 메마르면서 문제가 발생하고 있는 탓이다. 이러한 문제를 시가 해결해 줄 수 있지 않을까?

혹시 아무짝에도 쓸모없는 시를 왜 읽혀야 하냐고 반박하는 부모가 있다면, 시를 너무 쉽게 보지 말기를 바란다. 시는 긴 소설을 짧은 단어와 구절, 문장으로 함축해 놓은 것이다. 어떤 사람의 인생 혹은 그가 살았던 시대를 고스란히 시 한 구절에 녹인다. 그만큼 시는 함축미가 뛰어나다. 무한한 상상력과 깊은 묵상의 세계로 인도하는 시는 최고의 어휘 선생님이다. 우리가 시인을 언어의 마술사 내지는 언어의 조탁가라고 부르는 만큼 시를 통해 풍부한 어휘력과 사물, 주변에 대한 다양한 시선, 상상력을 쌓을 수 있다.

단 시를 아이에게 읽히고자 할 때는 동시부터 시작하는 게 좋다. 동시에 제법 익숙해져서 흥미를 보인다면 이제부터는 한국의 명시를 읽히자. 그 후에는 우리 선조들의 지혜와 절개, 풍류가 깃든 옛시조로 넘어가길 바란다.

엄밀히 따지면 시는 어른용, 아이용이 따로 있지 않다. 예를 들어 "산 너머 남촌에는 누가 살길래, 해마다 봄바람이 남으로 오네(후략…)"로 시작하는 김동환의 시 〈산 너머 남촌에는〉은 아이들을 위한 시일까? 아니면 어른들을 위한 시일까? 어른이 읽어도, 아이가 읽어도 감동을 주는 명시일 뿐이다.

시는 외국의 번역 시보다 우리나라 시가 훨씬 좋다. 시에는 그 나라만의 정서와 감수성이 담긴 언어가 많이 담겨 있어, 도저히 번역이 안 되는 단어가 많기 때문이다. 따라서 되도록 우리의 아름다운 시를 먼저 읽히는 것이 좋다. 그리고 시를 읽는 가장 좋은 방법은 시를 외우는 것이다.

가정에서 쉽게
고전읽기를 준비하는 법

유혹을 이겨 낼 수 있는 아이는 없다

책을 좋아하는 아이도 당황스러워하는 것이 고전이다. 따라서 고전을 읽힐 때는 고전에만 집중할 수 있는 환경을 만들어 주는 것이 급선무다. 아이가 좋아하는 만화책과 텔레비전이 있는 환경에서 고전을 읽히려고 한다면 실패할 수밖에 없다.

고전도 첫인상이 중요하다

고전을 읽히기 전에 책에 대한 가치에 대해 충분히 알려 줘야 한다. 논술, 입시에 도움이 된다거나, 위대한 위인들이 읽은 책이라는 등의 설명을 해주면 자신들이 대단한 책을 읽을 거라는 생각에 도전해 보고자 하는 마음을 먹게 된다. 그 마음이 중요하다.

어린이 눈높이용 고전은 고전이 아니다

많은 부모가 어린이용으로 축약되거나 요약된 책이나 만화로 된 책으로 고

전을 시작한다. 이런 책은 껍데기만 고전으로, 온전한 고전 효과를 누릴 수
없다. 더군다나 아이는 내용을 알고 있다는 착각에 원전은 읽지 않게 된다.

일주일에 2, 3번, 하루 30분을 지켜라

고전만 무리하게 읽힐 경우, 아이가 금세 질릴 확률이 높다. 아이의 평소 독
서 시간을 조금 줄여 고전읽기 시간을 넣는다고 생각하면 된다. 일주일에
2, 3번, 30분 정도가 가장 적당하다. 사실 30분도 긴 시간이다. 처음에는 저
학년은 10분, 고학년은 20분에서 시작했다가 조금씩 늘려 나가는 것이 현
명하다.

책을 싫어하는 아이에게 고전을 읽히고 싶다면

책을 싫어한다면 책을 좋아하게 만드는 것이 우선이다. 하지만 지금까지
별 효과가 없었다면, 고전을 통해 책을 좋아하게 만들 수 있다. 바로 독서
친구를 만들어 주는 것이다. 친구와 함께한다는 사실에 흥미를 보이고, 알
게 모르게 경쟁심이 생겨 성공적으로 고전읽기를 시작할 수 있다. 이 방법
은 아이가 고전을 완독하는 데도 많은 도움을 준다.

인문·철학 고전은 학년에 따라 다르게 접근하라

인문·철학 고전에도 난이도가 있다. 처음에는 비교적 쉽게 받아들일 수 있
도록 실생활과 밀접한 내용을 읽히는 것이 좋다. 권하고 싶은 것은 저학년
때는 『사자소학』을, 중학년 때는 『동몽선습』, 『격몽요결』, 『명심보감』, 『소학』
을, 고학년 때는 『논어』, 『채근담』을 읽히는 것이다.

고전은 일반 책처럼 접근해서는 실패하기 쉽다. 고전읽기 방법은 달라야 한다. 이에 대한 해법으로 학교에서 아이들에게 실천하고 있는 10가지 독서법을 알려 주고자 한다.

많은 아이가 직접 해보고 효과를 얻은 방법들이지만, 이 모든 걸 다 할 필요는 없다. 이 방법 중에서 아이의 성향과 가장 잘 맞거나 비교적 쉬워 보이는 방법을 골라 적용해도 충분하다.

6장

고전을 읽는 10가지
방법

차례를 수시로 읽게 한다

the great book

아이들과 고전읽기를 할 때 가장 심혈을 기울인 것은 바로 차례 읽기다. 이는 다른 독서법에서도 많이 강조하는 것이기도 하다. 다른 점이라면 책을 읽기 시작할 때뿐만 아니라 읽는 도중에도, 책을 다 읽고 난 후에도 차례를 보게 한다는 점이다.

차례를 읽으면 내용의 전체 틀을 파악할 수 있다. 책을 읽기 전에 차례를 볼 때는 본문의 내용을 예측해 보도록 한다. 본문을 읽는 중에는 차례를 살펴보며 앞으로 전개될 내용을 확인하게 한다. 책을 다 읽은 후에도 다시 한 번 차례를 훑어보며 자신이 읽은 내용을 상기해 보도록 한다. 그러면 전체 내용을 보다 쉽게 받아들일 수 있다.

책의 머리말 역시 필독시킨다. 저자들이 가장 공들이는 부분이 바로 머리말이기 때문이다. 그 책을 쓴 목적이나 방향을 알 수 있을 뿐만 아니라 책의 핵심 내용을 파악할 수도 있다. 머리말을 읽으면 그 책의 절반은 읽었다고 할 수 있다. 다른 사람이 쓴 책의 요약된 글을 읽기보다 저자가 직접 심혈을 기울여 쓴 머리말을 읽는 것이 책을 이해하는 데 훨씬 도움이 된다.

"이 이야기에서 주제를 찾으려고 하는 사람은 고소를 당할 것이며, 교훈을 찾으려는 사람은 추방당할 것이며, 줄거리를 찾으려는 사람은 총살당하리라."

이 글은 마크 트웨인이 쓴 『허클베리 핀의 모험』의 서문 중 일부다. 이 짧은 글을 통해 마크 트웨인이 『허클베리 핀의 모험』이라는 책을 왜 썼는지 그리고 어떻게 읽어야 하는지를 알 수 있다.

외국 고전이라면 '역자(번역가)의 말'도 눈여겨볼 필요가 있다. 역자는 보통 그 방면의 전문가다. 누구보다 전문적인 식견을 갖추었을 뿐 아니라 그 작품을 누구보다 많이, 깊게 읽은 사람이기 때문에 역자의 말은 우리에게 '원 포인트 레슨(one point lesson)'과 같은 가르침을 준다. 더욱이 어떻게 작품을 번역하게 되었는지, 번역 과정에서 어떤 어려움이 있었는지 등에 대해서도 자세히 이야기해 주어 작품에 대해 보다 폭넓은 이해를 얻을 수 있다.

특히 인문·철학 고전은 머리말이나 작품 해설을 읽는 데 더욱 신경을 써야 한다. 왜냐하면 그 배경이 되는 이야기들이 상세히 언급되어 있기 때문이다. 예를 들어 마르쿠스 아우렐리우스가 쓴 『명상록』에서는 이 작품을 쓴 저자가 로마의 황제이며 수많은 전쟁터를 누비는 와중 짬짬이 써 내려간 글이라는 사실과 만성 위경련으로 평생 약을 달고 살았다는 이야기가 소개된다. 이러한 사실들을 미리 알게 되면 책에 대한 느낌과 이해가 사뭇 달라진다.

차례 읽기나 머리말 읽기를 시작할 때 가장 중요한 것은 작품의 가치와 저자에 대한 찬사를 아끼지 않는 것이다. 작품이나 저자에 대한 찬사를 많이 들을수록 그 작품에 대한 긍정적인 생각을 하게 되고 자신이 대단한 책을 읽게 된다는 자부심 때문에 작품을 좀 더 적극적으로 대하게 된다.

암탉이 알을 품듯 책을 품게 한다

the great book

속독에 익숙한 아이들은 고전 역시 빨리 읽고 싶어 한다. 고전의 경우 그런 식으로 읽었다가는 글자 읽기로 끝나고 만다. 따라서 아이가 지겨워하고 힘들어하더라도 천천히 읽는 습관을 길러 줘야 한다. "천천히 읽는 법을 배워라. 모든 장점들이 따라올 것이다."라는 말처럼 천천히 읽으면 빨리 읽을 때는 알 수 없었던 것들을 발견하고 배우게 된다.

연애편지 읽듯 읽어야 한다

책을 천천히 읽으라는 것은 정독(精讀)하라는 의미다. 글자 한 자

한 자를 소홀히 하지 않고 읽는 것이 정독이다. 여기서 오해가 없길 바라는 것은 '천천히' 읽으라고 해서 일부러 늑장을 부리며 읽으라는 말은 아니다. '생각하며' 읽으라는 의미다.

미국의 철학자 겸 교육자로 유명한 모티머 J. 애들러는 다음과 같이 말했다.

"사랑에 빠져서 연애편지를 읽을 때 사람들은 자신의 능력을 최대한으로 발휘한다. 그들은 단어 하나하나를 세 가지 방식으로 읽는다. 행간을 읽고 여백을 읽는다. 부분적인 관점에서 전체를 읽고 전체적인 관점에서 부분을 읽는다. 문맥과 애매함에 민감해지고 암시와 함축에 예민해진다. 말의 색채와 문장의 냄새와 절의 무게를 곧 알아차린다. 심지어 구두점까지도 그것이 의미하는 바를 파악하려 애쓴다."

애들러의 이 말속에 고전을 어떻게 읽어야 하는지가 잘 나타나 있다. 부모는 이를 기억하여 아이가 이런 사항에 주의를 기울여 읽을 수 있도록 도와야 한다. 급히 읽는 아이는 고전의 매력을 알지 못한다.

정독에 충분히 익숙해졌다면 그 후에 중요한 부분만 읽는 약독(略讀)이나 발췌독으로 넘어가는 것이 바람직하다. 조선시대 유학자 이덕수는 〈유척기에게 준 글〉에서 "빨리 읽고 많이 읽는 것만을 급선무로 한다면, 비록 책 읽는 소리가 아침저녁 끊이지 않아 남보다 훨씬 많이 읽더라도 그 마음속에는 얻은 바가 없게 된다."고 말하였다.

• 처음에는 어렵게만 느껴지는 고전을 아이가 과연 읽을 수 있을까 회의적이었습니다. 하지만 아이가 힘들어도 꾸준히 읽고 의미를 되새기는 모습을 보면서 고전읽기의 힘을 느낄 수 있었습니다. 하루는 학교에서 다 읽은 고전책을 가져 왔길래 한번 펼쳐 보았습니다. 정말 깜짝 놀랐습니다. 군데군데 밑줄이 쳐 있고 감상이나 생각 등이 적혀 있었습니다. 아이가 정말 열심히 읽었다는 것을 한눈에 알 수 있었습니다. 아이가 평소 책을 건성으로 읽는 편이라, 이렇게 읽는다는 것은 상상도 못할 일이었습니다.

6학년 학부모가 고전읽기에 대해 깊은 만족감을 드러내며 한 말이다. 평소와 달리 꼼꼼히 읽는 아이의 모습에 부모의 우려가 확신과 놀라움으로 바뀐 것이다.

독서 전문가들의 독서 권장량은 저학년 때는 일주일에 2권, 고학년 때는 1권 정도다. 이는 일반 책의 경우로 고전은 이보다 훨씬 오랜 기간을 잡아야 한다.

일명 '암탉 품기식 독서법'을 권한다. 이는 암탉이 달걀을 부화시키기 위해 20일을 품듯이, 한 책을 20일 정도 품으며 읽는 방법이다. 달걀이 병아리로 부화하기 위해 시간이 필요하듯, 고전을 온전히 자신의 것으로 만들기 위해서도 책을 품는 시간이 필요하다. 가급적 많은 날 동안 품고 있어야 고전의 내용을 자기 것으로 만들 수 있다.

한번에 읽어 치우는 방식은 곤란하다. 밥을 빨리 먹으면 배고픔은

달래 줄지 몰라도 탈이 나기 쉽고 영양분을 제대로 흡수하지 못한다. 마찬가지로 책을 빨리 읽으면 줄거리는 파악할 수 있지만 고작 단편적인 지식을 얻는 데 그친다. 천천히 곱씹어 읽는 사이 정보들이 서로 관계를 맺으며 이해를 돕고 어휘력과 사고력을 향상시킨다.

슬로 리딩이 사고의 힘을 길러 준다

슬로 리딩(slow reading)은 여러 권의 책을 통해 많은 정보를 얻기보다 한 권의 책을 천천히 깊이 읽으면서 사고의 힘을 길러 내는 읽기법을 말한다.

사실 이러한 독서법은 전혀 새로운 것은 아니다. 과거 조선시대 읽기 방법이 슬로 리딩이라 할 수 있다. 조선시대 서당에서는 『천자문』, 『사자소학』, 『사서삼경』과 같은 책 한 권을 1년 넘게 읽고 외우고 쓰며 배웠다.

이러한 읽기법이야말로 오늘날 우리 아이들에게 꼭 필요하다. 슬로 로딩은 그 효과가 엄청난데, 가장 대표적인 사례가 하시모토 다케시 교사의 이야기다. 그는 일본에서 전설적인 국어 교사로 추앙받는다. 하시모토 선생은 50년 동안 고베 시의 작은 학교인 나다 학교에서 국어를 가르치면서 아주 특별한 국어 수업을 진행하였다. 바로 국어 시간에 학생들에게 나카 칸스케가 쓴 『은수저』라는 소설을 읽힌 것이다. 그것도 3년에 걸쳐서 말이다. 그리고 그 결과 나다 학교는 도쿄 대학 합격자를 가장 많이 배출한 명문고가 되었다. 또한 하시모토 선생에게 배운 수많은 제자는 일본의 대표적인 명사들이 되었다.

놀랍지 않은가. 하시모토 선생은 슬로 리딩의 원칙으로 3가지를 제시한다. 천천히 읽기, 깊고 철저하게 파고들어 읽기, 상상하고 경험하고 체화하면서 읽기다.

일례로 『은수저』 전반부에 막과자라는 주전부리가 나올 때면, 막과자 관련 자료를 조사하고 실제로 먹어 보기도 하고 막과자가 등장한 배경을 다 함께 생각해 보는 수업을 진행한다. 이렇게 천천히 읽다 보니 책 한 권을 읽는 데 3년이 걸릴 수밖에 없었지만 책 한 권을 통해 얻을 수 있는 것들은 무궁무진하였다. 학생들의 책 읽기에 대한 관심은 말할 것도 없고, 책 속에 써진 단어 하나, 문장 한 줄에까지 세심하게 신경을 기울일 수 있었다. 이 과정에서 학생들의 관찰력, 상상력, 사고력 등이 좋아졌다.

하시모토 선생의 슬로 리딩이야말로 고전읽기의 가장 좋은 방법이라 할 수 있다. 일주일, 한 달 혹은 한 학기에 걸쳐 천천히 읽은 고전이야말로 인생의 책이 되어 줄 것이다.

정독의 시작은 부모의 생각 개선에서부터

많은 아이가 정독하는 것을 어려워한다. 아무리 이야기해도 급하게 읽고, 대충 읽기 일쑤다. 정독의 경험이 없거나 정독의 기쁨을 알지 못하기 때문이다.

다음의 몇 가지 방법을 통해 아이의 정독을 도울 수 있다.

먼저 빨리 읽는 것을 칭찬하지 않는 것이다. 평소 아이가 책을 많이, 빨리 읽을수록 좋아하고 칭찬했다면 정독 습관을 길러 주기란 대단히 힘들다. 부모가 먼저 생각을 고쳐야 아이의 독서 습관이 바뀔 수 있다. 아이의 독서 시간이나 독서량보다 책의 내용을 얼마나 이해했는지 혹은 작품을 읽으면서 어떤 생각이나 느낌을 가졌는지에 관심을 기울여야 한다.

또 다른 방법은 아이와 대화하면서 읽는 것이다. 특히 『소학』,『논어』와 같은 인문·철학 고전은 이 방법이 대단히 효과적이다. 아이와 함께 책 한 쪽을 5분간 읽고 그 내용에 대한 생각과 느낌을 나눈다. 이런 식으로 부모와 함께 읽다 보면 아이는 빨리 읽을 필요성을 느끼지 못하고 자연스레 꼼꼼히 읽게 된다.

같이 읽는 것이 부담된다면 소리 내어 읽게 하자. 음독의 효과와 중요성은 뒤에서도 상세히 언급하겠지만 음독을 위해서는 어쩔 수 없이 천천히 읽게 된다. 단 10분 정도가 적당하다.

읽을 분량과 시간을 정해 주는 것도 정독에 좋다. 예를 들어 아이가 30쪽을 읽는 데 30분 정도 소요된다면 40~50분 정도 시간을 줘 똑같은 분량을 여유 있게 읽게 한다. 그러면 상대적으로 시간 여유가 생겨 제대로 책을 음미하며 읽을 수 있다.

고전읽기를 효과적으로 이끄는
질문 대화법

the great book

고전을 꾸준히 읽히기 위해서는 부모의 역할이 중요하다. 아무리 책을 좋아하는 아이라도 고전을 계속 읽게 하려면 부모가 함께 동참해 줘야 한다. 같이 읽으며 이런저런 이야기를 나누는 시간이 필요하다.

이때 부모의 역할은 질문자가 되기 마련인데, 질문의 수준이 답변의 수준을 결정하기 때문에 그 역할이 대단히 중요하다.

1차원적 질문에서 벗어나라

학교에서 아이들과 고전읽기를 할 때, 가끔씩 일에 쫓겨 다른 일을 하고 싶은 유혹이 들기도 한다. 이를테면 밀린 공문을 처리하거나 아이들의 일기를 검사하고 싶어지는 것이다. 하지만 이내 이런 생각을 떨쳐 낸다. 아이들과 함께 읽지 않으면 현장감 있는 질문을 할 수 없기 때문이다. 질문을 통해 내용의 이해를 높이고, 조금 더 수준 높은 사고를 이끌어 내야 하기 때문에 아이들보다 더 집중해서 읽어야 한다.

집에서도 마찬가지다. 부모가 먼저 솔선수범하여 고전을 읽어야 한다. 아이는 부모를 그대로 따라 하기 때문이다.

아이들은 이렇게 불평한다. "저한테는 책 읽으라고 하면서 엄마는 잡지나 텔레비전을 봐요. 이게 말이 돼요?" 러시아 언어심리학자 L. S. 비갓스키는 "아이들의 지적인 삶은 주변의 어른들이 결정한다."라고 하였다. 부모는 이 말을 명심해야 할 것이다.

부모도 책을 읽어야 좋은 질문도 할 수 있다. "지금 몇 쪽을 읽고 있니?" "어때? 재미있니?" "주인공은 누구니?" "줄거리는 뭐니?" 처럼 1차원적인 질문에서 벗어나기 위해서는 질문자가 먼저 정독해야 한다. "주인공은 누구인가?"와 같은 표면적인 질문은 아이의 사고를 유발시킬 수 없다. 하지만 "주인공의 이름을 왜 그렇게 지었을까?"와 같은 심층적인 질문은 아이의 사고를 유발시킨다.

독서 전문가들처럼 훈련을 받은 사람들은 상황에 따라 적절한 질문을 할 수 있지만, 일반 부모들은 그러기 힘들다. 설령 책을 읽었다 해도 어려움을 느끼는 경우가 많을 것이다.

이를 돕고자 몇 가지 상황에서 사용할 수 있는 질문을 소개하고자 한다. 이 내용은 『하루 30분 혼자 읽기의 힘』에서 일부 참고했음을 밝힌다.

질문 상황	질문 내용
독서 동기에 관한 질문	- 이 책을 어떻게 알게 되었니? - 이 책을 왜 읽게 되었니? - 이 책을 어디서 알게 되었니?
항상 할 수 있는 질문	- 지금 몇 쪽 읽고 있니? - 어때? 재미있니?
때때로 할 수 있는 질문	- 요즘 무슨 책 읽고 있니? - 읽고 있는 책에서 무슨 일이 일어나고 있니? - 다음 내용은 어떻게 될까? - 읽어 보니 어떠니? - 벌써 이만큼 읽었구나! 지금까지 읽은 부분에 대해 이야기해 줄 수 있니?
책 내용과 관련한 질문	- 언제 어디에서 일어난 일이니? - 전혀 생각하지 못한 내용은 무엇이니? - 삽입된 삽화는 어땠니? - 이 책의 주제는 무엇이라고 생각하니? - 만약 네가 작가였다면 고치고 싶은 부분은 어느 곳이니? - 가장 흥미롭게 느껴지는 부분은 어디니?

주인공이나 등장인물과 관련한 질문	- 이 책의 주인공은 누구니? - 주인공의 이름을 왜 그렇게 지었을까? - 주인공은 어떤 사람이니? - 주인공에게 가장 큰 시련은 무엇이니? - 주인공의 말이나 행동 중에 가장 기억에 남는 것은 무엇이니? - 주인공은 왜 그런 행동과 말을 했을까? - 그때 주인공의 마음은 어땠을까? - 등장인물 중 누가 제일 마음에 드니? - 등장인물 중 나의 주변 인물과 가장 닮았다고 생각되는 인물은 누구니?
작가와 관련한 질문	- 이 책을 쓴 작가는 누구니? - 이 작가가 쓴 다른 작품은 읽어 보았니? - 이 작가의 문체는 마음에 드니? - 작가가 이 작품을 쓰게 된 특별한 동기가 있니?
책을 다 읽은 후의 질문	- 이 책의 장르는 뭐니? - 점수를 준다면 이 책에 몇 점을 주고 싶니? - 누구에게 소개해 주면 좋을 것 같니? - 이 책은 소장할 만한 가치가 있다고 생각하니? - 다음에는 어떤 책을 읽을 계획이니?

질문 예시

대답보다 질문을 평가하라

　지금까지 부모가 질문하는 방법을 소개하였다. 사실은 부모보다
아이가 질문하게 하는 것이 훨씬 효과적이다. 1학년 자녀를 둔 학부

모가 이런 이야기를 했었다. "아이가 고전읽기를 시작한 후 책을 좀 더 집중해서 읽는 것 같아요. 읽은 후 질문이 많아졌거든요." 아이가 책을 읽으며 질문한다는 것은 책에 흥미를 가지고 생각하면서 읽고 있다는 의미다.

초등학교에서 가장 중요하게 여기는 읽기 능력 세 가지는 '상상하면서 읽기', '질문하면서 읽기', '배경지식을 활용하여 읽기'다. 이 중에서 아이들이 가장 어려워하는 것이 '질문하면서 읽기'다. 왜 그럴까? 질문하기 위해서는 질문거리를 생각하면서 읽어야 하기 때문이다. 유대인들은 대답보다 질문을 평가한다고 한다. 이것이 바로 유대인들이 전 세계를 주름잡는 비결이라고 할 수 있다.

아이가 책을 제대로 읽고 있는지 확인하기 위해 애쓰지 말길 바란다. 아이와 함께 책을 읽고 아이가 질문을 하도록 유도하면 된다. 아이는 부모에게 질문을 한다는 생각에 신이 나서 질문을 만들 것이다. 만약 부모가 대답을 망설일 만큼 수준 있는 질문을 만들어 낸다면, 아낌없이 칭찬을 해주자.

고전읽기를 지속시키는 힘

the great book

    고전은 시공을 초월한 훌륭한 작품이기 때문에 위대하기도 하지만 해석이 난해하다. 따라서 반복적으로 이야기하지만 아이 혼자 읽는 것보다 부모나 친구와 같이 읽는 것을 추천한다.

    만약 초등학생에게 혼자 『사자소학』, 『명심보감』, 『소학』, 『채근담』, 『몽구』, 『논어』와 같은 책을 읽으라고 한다면 과연 읽을 아이들이 몇 명이나 될까? 아마 대부분의 아이가 엄마가 나를 고문하려 한다고 아우성칠 것이다. 하지만 친구나 부모가 함께한다면 얼마든지 재미있게 읽어 나갈 것이다.

어떤 책을 읽히느냐보다 중요한 요인

그리스 철학자 에피쿠로스는 "무엇을 먹고 마실지를 생각하기보다 누구와 먹고 마실 것인가를 먼저 생각해 보라."고 하였다. 고전읽기에도 역시 이런 식의 접근이 필요하다.

고전읽기를 시작할 때는 책 선정보다 누구와 같이 읽을 것인지를 고민해야 한다. 고전은 좀처럼 아이 혼자 읽기 어렵다. 특히 아이들에게 책만 쥐어 주고 읽으라는 것은 자전거를 사주면서 처음부터 달려 보라고 하는 것과 똑같다. 자전거를 사주었다면 아이가 혼자 탈 수 있도록 가르쳐 주고 도와줘야 한다. 고전 역시 아이가 고전의 맛을 알고 방법을 터득할 때까지 함께 읽어야 한다. 부모가 힘들다면 고전읽기 그룹을 만들어 주거나 친구를 모아서 같이 읽을 수 있도록 하자.

고전읽기에 대한 소감을 적어 보라고 했더니, 6학년 여자아이가 "혼자 읽었다면 다 못 읽고 포기했을 텐데, 친구들과 선생님과 함께 한 덕분에 재미있게 끝까지 읽을 수 있었다."라고 써냈다. 또 한 아이는 "시를 외울 때 친구들이랑 같이 외울 수 있어 좋았다."라고 썼다. 이것이 바로 '함께 읽기'의 힘이다.

고전은 혼자 읽으면 완독하기 어렵고 금방 지루해진다. 하지만 함께 읽으면 재미있게 읽을 수 있고 자신의 능력 이상의 책도 읽어 낸다.

아이들은 중간중간 혹은 읽기를 마친 후 서로 이야기를 나누기 마런이다. 이때의 대화는 일상 대화의 수준을 넘어선다. 책과 관련한 수준 높은 대화가 오고 간다. 공자와 그 제자들의 대화 내용을 적어 놓은 것이 『논어』라고 한다면, 친구들과 주고받은 책에 대한 이야기는 '아이용 논어'라고 할 수 있다. 이런 대화를 통해 자연스럽게 의사소통 능력과 논리적인 말하기·듣기 능력이 향상된다.

혼자 읽으면 아무래도 한정된 관점에서 고전을 읽게 되지만 같이 읽고 의견을 나누다 보면 자연스럽게 시야가 확장된다. 아이마다 경험과 사고의 깊이가 다른 만큼 전혀 생각하지 못한 부분에 주의를 기울이거나 새로운 해석을 할 수 있다. 이런 과정을 통해 아이는 소통과 공감의 중요성을 깨닫게 된다. 이런 깨달음은 아이를 좀 더 열린 사람으로 만들어 주고 다른 사람과 소통하고 공감할 줄 아는 사람으로 자라게 한다. 이 모든 것이 함께 읽을 때 얻을 수 있는 유익이다.

한 구절 공책을 만들게 한다

the great book

감동은 사라지지만 기록은 남는다

사람의 일생을 움직이는 것은 몇 권의 책 혹은 몇 마디의 경구일지도 모른다. 고전을 읽다 보면 가슴에 새기고픈 구절들과 만나게 된다. 이를 그냥 스치고 지나가면 그 구절을 읽었을 때의 감동이나 생각은 어느새 사라지고 만다. 따라서 이런 구절이 등장하면 반드시 밑줄을 긋거나 명언집을 만들어 따로 관리하는 것이 좋다.

이런 차원에서 나는 아이들에게 명언집을 만들게 한다. 공책 제목은 '나의 가슴을 울린 한 구절'이다. 줄여서 '한 구절 공책'이라고 부른다. 고전을 읽다가 감동받은 문장을 원문 그대로 그 공책에 적게 한다. 이때 날짜와 발췌한 책의 이름, 그 구절이 왜 좋았는지도 간단

2011년 4월 22일 금요일

나라의 임금이라야 병풍으로 문을 가리는 법인데, 관중도 병풍으로 문을 가렸고, 나라의 임금이 이라야 두 임금이 함께 연회를 할 때 술잔 놓는 자리를 둘 수 있는 법인데 관중도 또한 술잔을 놓는 자리를 만들었다. 그런데도 관중이 예를 안다면, 누가 예를 모른다고 하겠는가? ▶ [논어]-팔일(八佾)중..

2011년 4월 25일 월요일

부유함과 귀함은 사람들이 바라는 것이지만, 정당한 방법으로 얻은 것이 아니라면 그것을 누려서는 안 된다. 가난함과 천함은 사람들이 싫어하는 것이지만 부당하게 그렇게 되었다 하더라도 억지로 벗어나려 해서는 안 된다. ▶ [논어]-리인(里仁)중..

한 구절 공책의 예시

히 남기게 한다.

독서록처럼 장황하게 쓸 필요가 없기 때문에 어느 아이나 부담 없이 잘 작성한다. 주의할 것은 감동이 사라지기 전에 바로 메모해야 한다는 것이다. 이렇게 적어 놓은 구절들은 나중에 독후 활동에도 활용할 수 있다.

그리고 만든 공책은 버리지 말고 평생 간직하면서 틈날 때마다 읽을 수 있도록 하자. 시간이 흘러 그 구절을 다시 읽었을 때 당시와는 다른 해석과 감동을 받게 될지도 모른다. 이는 아이에게 사고 확장의 경험을 선사할 것이다.

아이의 고민과 생각을 알 수 있는 명구절

아이들과 같이 고전을 읽다 보면 신기한 일들이 많이 생긴다. 그중 하나가 작품을 읽고 감동 받은 구절을 이야기해 보라고 하면 아이들 끼리 겹치는 구절이 많다는 것이다. 내가 뽑은 명구절과는 확연한 차이가 나는 것을 보면서 세대 차이를 느끼곤 한다.

친구가 꼽은 구절이 자신과 같을 때면 아이들은 신기해한다. 이런 현상은 왜 생기는 것일까? 처한 상황이나 경험이 비슷하여 생각들이 많이 다르지 않기 때문이다. 하루는 아이들에게 『논어』를 읽고 감명 깊은 구절을 적어 보라고 했다. 그랬더니 몇 가지로 추려졌는데 가장 많이 나온 구절은 다음과 같다.

> "남이 자신을 알아주지 못함을 걱정하지 말고, 내가 남을 제대로 알지 못함을 걱정해야 한다."(학이편 16절)
> "아는 것을 안다고 하고 모르는 것을 모른다고 하는 것, 이것이 아는 것이다."(위정편 17절)
> "군자는 일의 원인을 자기에게서 찾고, 소인은 남에게서 찾는다."(위령공편 20절)

나는 개인적으로 "나이 사십이 되어서도 남에게 미움을 받는다면, 그런 사람은 끝난 것이다."(양화편 26절)를 꼽았다. 하지만 이 구절이 좋다는 아이는 한 명도 없었다. 이제 갓 열 살이 넘은 아이들이니 당연한 결과일 것이다.

똑같은 내용의 고전일지라도 읽는 독자의 처지, 형편, 나이, 경험, 학식에 따라 얼마든지 다르게 이해될 수 있다. 이는 성별이나 나이, 학력에 관계없이 고전을 읽을 수 있는 이유가 되기도 한다. 또한 이렇게 뽑은 구절을 통해 부모는 아이의 마음 상태나 고민거리 등을 유추해 볼 수 있다.

외우면 더 큰 힘을 발휘하는 명구절

아무리 구구단의 개념을 잘 이해했어도 외우지 않는다면 구구단의 활용도가 떨어지듯 깨달음을 준 구절도 외워야 위력을 발휘할 수 있다. 외우면 머리에 남고 삶에 새겨지는 것이 명구절의 힘이다.

✎ 나는 오늘 『톨스토이 단편선』 중 「두 노인」이라는 글을 읽었다. 나는 그 이야기 중 한 구절이 가슴에 와닿았다. 두 노인 중 한 노인인 엘리사가 코담배를 꺼내자 다른 노인 에핌이 "자넨 왜 그 좋지 못한 습관을 버리지 못하냐."고 책망한다. 이에 대해 엘리사는 이 "나쁜 습관이 나보다 더 강하거든."이라고 말하는데 이 구절에 공감이 갔다. 그래서 선생님이 나누어 준 나의 가슴을 울린 한 구절이라는 공책에 적었다.
나는 공부할 때 가끔 딴짓하는 습관이 있는데, 그 습관을 없애 보려고 노력하지 않았다. 내가 지금까지 없앤 나쁜 습관은 등교할 때마다 인사 안 하는 습관이다. 등교할 때 인사 안 해서 엄마한테 자주 혼이 났는데 요즘은 급해도 꼭 인사하고 나온다. 내가 습관을 고칠 때마다 부모님 나이가 10년씩 젊어지시는 느낌이 든다. 이제 공부할 때 딴짓하는 습관을 이겨 보려고 노력이나마 해보자. 차근차근 하다 보면 언젠가는 내가 나의 나쁜 습관을 이기고 있을 거라고 나는 믿는다. 이 나쁜 습관이 나보다 더 강하거든. 이 구절은 내 책상 앞에다가도 붙여 놔야겠다.

이 글은 한 아이가 『톨스토이 단편선』 중 「두 노인」을 읽고 "이 나쁜 습관이 나보다 더 강하거든."이라는 구절에 꽂혀 쓴 일기 내용이다.

아이가 고전을 읽기도 벅찰 텐데 외우고 활용까지 하다니 말도 안 된다고 생각하는 사람이 있을 수도 있다. 그러나 나는 많은 학부모에게 아이가 고전을 읽은 뒤부터 외운 글귀를 일상생활에 응용하거나 좋은 글귀를 마음에 새기고 실천하고자 하는 모습을 보인다는 이야기를 종종 접하곤 한다.

특히 『명심보감』이나 『사자소학』과 같은 인문·철학 고전은 좋은 글귀를 찾아 암송하게 하면 아주 많은 도움이 된다. 다음 구절만이라도 아이에게 외워 보게 하는 건 어떨까.

◆『사자소학』 암송 구절 1

원문	뜻
父母呼我 唯而趨之 (부모호아 유이추지)	부모님이 나를 부르거든 대답하고, 얼른 달려가야 한다.
父母責之 勿怒勿答 (부모책지 물노물답)	부모님이 나를 꾸짖으시더라도, 성내지 말고 말대답하지 마라.
父母出入 每必起立 (부모출입 매필기립)	부모님이 대문을 드나드실 때는 반드시 일어서서 인사하라.
鷄鳴而起 必盥必漱 (계명이기 필관필수)	닭이 우는 새벽에 일어나서, 반드시 세수하고 양치질하라.
言語必愼 居處必恭 (언어필신 거처필공)	언제나 말을 삼가고, 거처는 반드시 공손히 하라.
飮食雖惡 與之必食 (음식수악 여지필식)	비록 음식이 거칠더라도, 주시면 반드시 먹어야 한다.
衣服雖惡 與之必着 (의복수악 여지필착)	비록 의복이 나쁘더라도, 주시거든 반드시 입어야 한다.
口勿雜談 手勿雜戱 (구물잡담 수물잡희)	입으로는 잡담하지 말고, 손으로는 장난을 하지 마라.
借人典籍 勿毁必完 (차인전적 물훼필완)	남의 책을 빌렸거든, 훼손하지 말고 본 후에 꼭 돌려주라.
勿與人鬪 父母憂之 (물여인투 부모우지)	남과 싸우지 마라. 부모가 근심하신다.

◆ 『사자소학』 암송 구절 2

원문	뜻
見善從之 知過必改 (견선종지 지과필개)	선을 보거든 그것을 따르고, 허물을 알거든 반드시 고쳐라.
飮食愼節 言爲恭順 (음식신절 언위공순)	음식은 삼가 절제하고, 말은 항상 공손하게 하라.
夫婦有恩 男女有別 (부부유은 남녀유별)	부부는 은혜로움이 있어야 하고, 남녀는 분별이 있어야 한다.
夫婦有別 長幼有序 (부부유별 장유유서)	부부는 분별이 있어야 하고, 어른과 아이는 차례가 있어야 한다.
非禮勿視 非禮勿聽 (비례물시 비례물청)	예(禮)가 아니면 보지 말며, 예(禮)가 아니면 듣지도 마라.
非禮勿言 非禮勿動 (비례물언 비례물동)	예(禮)가 아니면 말하지 말고, 예(禮)가 아니면 움직이지 마라.
憤思必難 疑思必問 (분사필난 의사필문)	화가 나면 더욱 곤란할 것을 생각하고, 의문이 나면 반드시 질문을 생각하라.
一粒之穀 必分而食 (일립지곡 필분이식)	한 톨의 곡식이라도, 반드시 나누어 먹어야 한다.
言則信實 行必正直 (언즉신실 행필정직)	말은 믿음이 있고 참되어야 하고, 행실은 반드시 정직해야 한다.
積善之家 必有餘慶 (적선지가 필유여경)	선(善)을 쌓는 집에는 반드시 많은 경사가 있다.

『사자소학』은 내용이 아이들 수준에 맞고 운율감이 느껴져서 외

우기도 그렇게 어렵지 않다. 구절을 암송하게 되면 소가 되새김질하듯 반복하여 묵상하게 된다. 이 과정에서 사고력과 상상력은 물론이거니와 인격 수양까지 꾀할 수 있다. 뿐만 아니라 외운 구절은 말하기와 글쓰기에서도 자연스럽게 활용이 되는 만큼 고급스러운 표현력을 갖게 된다.

책을
마음껏 활용하며 읽게 한다

the great book

　학교에서 전 학년을 대상으로 고전읽기를 실시하기에 앞서 시범 학급을 운영할 때의 일이다. 학교 경비를 들여 『논어』를 구입한 후 6주간에 걸쳐 고전읽기를 진행하였다. 이때 아이들이 책을 보다 자세히 읽을 수 있도록 밑줄을 긋거나 메모하게 했다.

　처음에는 왜 이런 책을 읽어야 하느냐며 아이들의 불만의 소리가 높았다. 그런데 시범 독서 기간이 끝난 후 책을 걷으려고 하자 아이들이 "선생님! 이 책 가지면 안 돼요?"라며 졸라 댔다. 책 욕심을 내다니, 요즘 아이들에게서 좀처럼 볼 수 없던 모습이었다. "학교 경비로 산 책이니 너희들이 개인적으로 구입해서 소장해라."라고 말했더니, 몇몇 아이들은 자기들이 똑같은 책을 사다 드릴 테니 자기가 보던 책을 달라고 했다. 왜 그러느냐고 물었더니 손때가 많이 묻어서 꼭 간직하고 싶다는 것이었다. 그래서 졸업 기념으로 『논어』 책을 아이들에게 선물해 준 적이 있다. 고전읽기를 돕기 위해 고안한 방법이 책을 소장하고 싶게 만든 것이다.

　중국의 교육자 쉬터리 역시 "펜을 들지 않고서는 책을 읽지 않는다."라는 말을 했다고 하니, 흔적을 남기는 방법은 꽤 검증된 독서법이라고 할 수 있다.

지저분하게 읽어라

　나는 책을 읽을 때 종종 책을 덮고, 책갈피의 색이 얼마나 변했는지를 확인한다. 나의 손때가 묻어 색이 변한 부분이 많을수록 묘한 기쁨을 느끼기 때문이다. 이러한 기쁨은 깊이 있는 책일수록 커진다. 쉽거나 얇은 책은 손때가 묻을 새도 없이 읽어 버리기 때문이다. 내용이 어렵거나 심도 깊은 책은 수십 수백 번 반복해서 읽기 때문에 그만큼 책갈피가 새까매진다. 이는 말로 표현하기 힘든 성취감과 쾌감을 준다.

　많은 부모가 우리 아이가 책을 제대로 읽고 있는지 궁금해한다. 이를 확인함과 동시에 숙독을 유발하는 방법으로 손때 묻히는 책 읽기만큼 좋은 건 없다. 마음에 드는 내용에 줄을 긋거나 메모를 하게 하는 것이다. 좋은 구절에 밑줄을 긋게 하면 산만하던 아이도 바로 집

21

어떤 사람이 공자에게 말했다. "선생께서는 왜 정치를 하지 않으십니까?"

공자께서 말씀하셨다. "『서경』에 이르기를 '효로다! 오직 효도하고 형제간에 우애하며 이를 정사(政事)에 반영시켜라'35라고 하였다. 이 또한 정치를 하는 것인데 어찌 관직에 나가야만 정치를 한다고 하겠는가?"

↳ 관직에 있어야만 정치 하는 것이 아니다.

22   신의 뜻도 생각하고   알아보기 ↗ 뜻 생각해보기

공자께서 말씀하셨다. "사람에게 신의가 없으면 그 쓸모를 알 수가 없다. 만일 큰 수레에 소의 멍에를 맬 데가 없고 작은 수레에 말의 멍에를 걸 데가 없으면 어떻게 그것을 끌고 갈 수 있겠느냐?"

내뜻풀이: 사람에게 의리(?)가 없으면 그 쓸모를 알 수가 없다.

흔적을 남기며 읽는 예시

중하며 읽기 시작한다. 또 왜 그 부분에 밑줄을 그었는지 물어보면서 자연스럽게 토론으로 넘어갈 수 있다.

글을 읽다가 문득 어떤 생각이 떠오를 때가 있다. 아이디어나 영감일 수도 있고 짧은 감상일 수도 있다. 책을 읽으면서 떠오르는 영감은 우리 뇌의 알파파 상태에서 나오는 것으로 고급 영감에 속한다. 따라서 이런 생각들을 놓치지 않도록 그런 생각을 불러일으킨 구절 옆에 적어 놓게 하자.

이러한 흔적들은 책에 대한 애착을 불러일으키고 시간이 지나 다시 읽었을 때 지금의 느낌과 비교해 볼 수 있어 스스로의 발전 정도를 확인하게 해준다.

책을 완독하였다면 표지에 구입 날짜, 읽기 시작한 날짜, 완독한 날짜를 표시하고 한 줄 멘트와 사인을 하도록 하자. 이렇게 간단한 메모만으로도 아이의 성취감을 높일 수 있다.

사실 그 효과가 좋음에도 아이들은 줄을 긋거나 메모하며 읽는 것을 어색해한다. 평소 책을 깨끗이 읽어야 한다고 교육받아 왔기 때문이다. 도서관이나 다른 사람에게 빌린 책은 깨끗이 봐야 하지만 자신의 책이라면 부담 갖지 말고 마음껏 흔적을 남기도록 하자. 흔적을 남긴 만큼 그 책은 아이의 분신이 된다.

자기 책으로 읽어라

나는 학교에서 고전을 읽힐 때 특히 강조하는 부분이 모르는 단어에 동그라미 치기와 재미있거나 감동적이거나 멋진 표현에 밑줄 치기다. 동그라미 치기와 밑줄 치기만 철저히 시켜도 고전을 제대로 깊이 있게 읽힐 수 있기 때문이다. 아이가 고전을 제대로 읽었는지 검사할 때 가장 먼저 확인하는 것도 책에 동그라미 치기와 밑줄 치기를 제대로 했는지다.

그런데 2학년 아이들과 『엄마 마중』이라는 책으로 고전읽기를 할 때 한 남자아이가 한사코 동그라미 치기와 밑줄 치기를 하지 않으려고 했다. 나중에 이유를 알고 보니 아는 형에게 빌린 책이었다. 빌린 책이니 깨끗하게 보고 돌려줘야 하기 때문에 동그라미 치기와 밑줄 치기를 못한 것이다.

고전읽기를 하려면 책을 빌리는 것보다 사는 것이 가장 바람직하다. 애착 정도가 다를 뿐만 아니라 동그라미 치기나 밑줄 치기 같은 것도 조심스럽기 때문에 정독이나 숙독에도 방해가 된다.

무엇보다 고전은 반복 읽기를 할 때 그 효과가 가장 빛이 난다. 그렇기 때문에 소장 가치가 있는 책이다. 책장에 꽂아 두면 어느 날 다시 집어 들어 다시금 읽게 되는 것이 고전이다. 이런 고전은 가급적 구입해서 읽고 소장하는 것이 가장 바람직하다.

어떤 부모들은 아이에게 고전을 읽힐 때 깨끗하게 읽으라고 강요하기도 한다. 나중에 그 이유를 듣고는 할 말을 잃었다. 알고 보니 중고책으로 되팔기 위해서였던 것이다. 고전은 지저분하게 읽을수록 좋다. 그래야 아이 인생에 큰 흔적을 남길 수 있다. 지저분하게 읽은 책일수록 아이의 애착도 커진다. 몇 년 후에 혹은 몇십 년 후에 자신이 읽었던 고전을 펼쳤을 때 여기저기 손때가 묻고 글씨가 써져 있는 것을 본다면 기분이 어떨까? 누군가는 자기 자녀나 손자에게 보여주고 싶을지 모른다. 이런 고전은 단순한 책이 아니라 가보의 가치를 지녔다고 할 수 있다.

집중력이 부족한 아이도
즐겁게 읽는 법

the great book

　조선시대 한국, 중국, 일본 중에서 한자 실력이 가장 우수한 나라는 조선이었다고 한다. 그 비결은 천자문 등을 "하늘 천 따 지 검을 현 누를 황 ~."과 같이 큰 소리로 읽는 방법 즉 음독에 있었다. 우리 조상들은 음독의 효과를 알고 이를 사용할 줄 알았던 것이다. 하지만 지금 우리는 음독 학습을 거의 하지 않는다. 심지어 초등학교 저학년들조차 글씨를 배울 때만 잠깐 음독을 활용한다.

　음독보다 묵독이 더 집중력 향상에 좋을 것 같지만 사실 그 반대다. 사람은 사용하는 감각이 많을수록 기억을 잘한다. 시각 자극만 주는 묵독에 비해 음독은 시각과 청각 자극을 동시에 주기 때문에 그 효과가 더 좋을 수밖에 없다.

　도호쿠 대학의 카와시마 류타 교수는 뇌의 활성화에 영향을 주는 행동을 연구하다 음독의 중요성을 발견했다. 그의 연구에 의하면 생각하기, 글쓰기, 읽기 활동에 반응하는 뇌 부위가 저마다 다르다고 한다. 뇌의 변화를 MRI(자기공명단층촬영) 장치로 촬영한 결과 음독을 할 때 묵독이나 눈으로 보고 암기할 때보다 뇌 신경 세포의 70% 이상이 반응함을 발견하였다. 음독을 하다 보면 집중력이 좋아지고 읽기 능력이 향상되어 학습 효과가 높아지는 이유다. 여기에서 말하는 읽기 능력은 강약을 조절하여 정확하게 발음하기, 끊어 읽기, 감정을 이입하여 읽기 등을 모두 포함하는 고급 읽기 능력을 의미한다. 그래서 음독은 주의력이 부족한 아이에게 고전을 읽힐 때 대단히 효과적이다.

더욱이 이 방법은 아이의 학년이 낮을수록 효과가 좋다. 특히 1, 2학년 아이에게는 적극 추천한다. 가정에서 음독으로 고전을 읽힐 때는 이에 적합한 책을 먼저 골라 줘야 한다. 사실 책의 종류는 그다지 관계없다. 가급적 호흡이 짧은 책이면 된다.『소학』,『명심보감』같은 경서는 장별로 떨어지기 때문에 음독을 하기에 좋다. 고전 명시는 운율과 함축미를 제대로 느끼기 위해서라도 음독을 권한다.

만약 고전 문학을 선택하였다면 중간중간 음독을 멈추고 이야기 흐름을 잘 이해하고 있는지 확인해야 한다. 그리고 이후 이어질 이야기를 예측해 보게 한다.

음독은 가급적 큰 소리로 하는 것이 좋다. 책 읽는 소리가 거실에까지 들릴 정도로 크게 읽어야 한다. 작은 소리로 하다 보면 금방 묵독으로 돌아가기 쉽고 대충 읽게 되어 음독의 효과를 볼 수 없다. 이렇게 큰 소리로 음독하다 보면 발표력도 좋아진다.

　만약 아이가 음독을 싫어한다면 아이와 한 문장씩 번갈아 가며 읽도록 하자. 이때 아이가 모르는 단어의 뜻을 물어보면 전후 문맥으로 단어의 뜻을 예측해 보게 한다. 잘 맞췄을 때는 적극 칭찬해 주어 성취감과 글 읽는 재미를 느낄 수 있도록 이끌어 주는 것이 좋다.

과학적으로 증명된 읽어 주기의 힘

> 그래 그래 너희 집엔 대리석 계단과 아름다운 정원
> 그래 그래 너희 집엔 비단옷과 번쩍이는 보석
> 그래 그래 너희 집엔 맛있는 음식과 공손한 하녀들
> 그러나 그러나 우리 집에는 책 읽어 주는 엄마가 있단다.

　이 글은 영미권에서 구전되어 온 전래 동요를 모아 놓은 동요집, 『마더구스』에 나오는 노래다. 이를 통해 우리 아이들이 얼마나 책 읽어 주는 부모를 원하고 자랑스러워하는지 알 수 있다.

　아이가 소리 내어 읽는 것만큼 부모가 읽어 주는 것도 대단히 효과적이다. 『쿠슐라와 그림책 이야기』는 책 읽어 주기가 의학적으로 분명한 효과가 있음을 보여 준다. 쿠슐라는 태어날 때부터 염색체 이상으로 손발의 움직임이 부자연스럽고 눈의 초점을 제대로 맞추지 못했다. 의사는 쿠슐라에게 신체장애뿐 아니라 정신장애까지 있다고 진단했다. 하지만 쿠슐라 부모는 포기하지 않고 태어난 지 4개월이 되었을 때부터 아이를 품에 안고 그림책을 계속 읽어 주었다. 그런데 놀랍게도 아이가 조금씩 반응을 보이기 시작했고, 3년 8개월 후에 받은 검사에서 쿠슐라의 지능은 평균보다 높게 나왔다.

어머니의 책 읽어 주기 덕분에 성공한 또 다른 대표적인 인물은 괴테다. 60여 년에 걸쳐 쓴 것으로 유명한 괴테의 대표작 『파우스트』는 그가 얼마나 대단한 작가인지를 말해 준다. 그가 이렇게 위대한 작가가 될 수 있었던 것은 그의 어머니가 밤마다 책을 읽어 주었기 때문이라고 한다. 괴테의 어머니는 밤마다 책을 읽어 주면서 가장 재미있는 부분에서 "아가야, 그다음은 네가 완성해 보려무나." 하고 권했다고 한다. 그러면 어린 괴테는 그 이야기를 완성하기 위해 생각에 잠겼다. 이렇게 상상하는 습관은 그가 독일 최고의 문호가 되는 데 밑거름이 되었다.

부모가 책을 읽어 주는 행위는 아이와 심리적 교감을 나누는 것과 같으며 아이에게 잘 들을 수 있는 귀를 만들어 준다. 잘 듣는 사람은 인간관계도 좋으며, 수업 시간에 집중력과 이해력도 높다.

밤마다 읽어 주던 책이 괴테를 성장시켰듯이 고전 한 권을 선택해 아이에게 밤마다 5분씩이라도 읽어 주길 바란다. 부모의 목소리가 고전 효과와 결합하여 아이를 성장시킬 것이다.

부모가 감동 깊게 읽은 고전을 읽어 줘라

"선생님, 저는 『빨간 머리 앤』을 감동 깊게 읽었는데, 아이에게 이 책을 읽어 줘도 될까요?"

고전읽기 강연을 마치고 나오는데 한 엄마가 내게 던진 질문이다. 당연히 된다고 대답했더니 질문이 이어졌다.

"우리 아이는 아직 초등 3학년인데 정말 괜찮을까요? 원작 『빨간 머리 앤』은 600쪽이 넘던데요?"

많은 부모가 이 학부모와 비슷한 고민을 한다. 부모들이 자녀에게 읽어 줄 책을 고를 때 많이 오해하는 부분이 있는데 바로 얇은 책만 읽어 줘야 한다고 생각하는 것이다. 그래서 두꺼운 고전 같은 경우는 읽어 줄 엄두를 내지 못한다.

하지만 아이에게 책을 읽어 줄 때 더 중요한 기준이 되는 것은 두 꺼운지 얇은지가 아니라 재미가 있느냐 없느냐다. 또 재미보다는 읽어 주는 사람이 그 작품에 깊은 감동을 받았느냐가 더욱 중요하다. 왜냐하면 감동은 흘러가는 법이기 때문이다. 책을 읽어 주는 사람이 감동을 받은 작품을 읽어 줄 때는 읽어 주는 사람의 감동이 듣는 사람에게 흘러가게 되어 있다. 마치 물이 높은 곳에서 낮은 곳으로 흘러가는 것처럼 말이다.

다만 이런 책을 읽어 줄 때는 원칙을 지키는 것이 중요하다. 부모가 읽은 책 중에서 아이에게 읽혀 주고 싶은 책을 선정하되 아이도 그 책에 어느 정도 흥미와 관심을 보여야 한다. 또한 하루에 많은 양을 읽어 주려고 하지 말고 매일 조금씩 일정 시간에 읽어 주는 것이 좋다. 아이에게 하루 10분을 읽어 주기로 했으면 10분 읽어 주고 다음 날 또 10분을 읽어 주면 된다. 그리고 읽어 주는 책은 가급적 아이의 손에 닿지 않는 곳에 보관하는 것이 좋다. 이렇게 읽어 주다 보면 두꺼운 고전 같은 경우는 몇 달 혹은 심지어 1년 가까이 걸릴 수도 있다. 그만큼 책을 읽어 주는 사람에게나 듣는 사람 모두에게 특별한 책으로 자리 잡는다. 특히 아이에게는 평생 기억에 남는 책이 될 것이다.

손으로 읽게 한다

the great book

> "만화가가 되겠다고 한 뒤로 스토리 걱정은 하지 않았다. 소설을 열심히 읽으면 스토리를 잘 쓰게 될 것이라고 믿었다. 그런데 아니었다. 그때부터 집에 있는 만화책을 모두 버리고 글로 된 책을 무조건 필사하기 시작했다. 드라마 〈모래시계〉 대본, 최인호의 시나리오 전집 등을 모두 베껴 썼다. 사실 그림을 그리는 사람들은 이미지를 다루는 데만 익숙해 글씨를 쓰려면 좀이 쑤시고 어딘가 아프다. 그래도 꾹 참고 필사를 계속했다. 일종의 자기 학대 과정이었다."

이 시대 가장 잘나가는 인기 웹툰 〈미생〉의 작가 윤태호의 말이다. 스토리를 잘 쓰기 위해 드라마나 영화의 대본을 무작정 베껴 쓰기 했다는 내용이다. 베껴 쓰기는 좀 무모해 보이고 무식해 보이는 방법이지만 지금도 많은 문인과 작가 지망생이 좀 더 좋은 글을 쓰기 위해 즐겨 쓰는 방법이다.

　책을 그대로 베껴 쓰는 것을 필사(筆寫)라고 한다. 음독이 입과 귀를 동원하는 읽기 방법이라면 필사는 손으로 읽는 방법이라고 할 수 있다. 다소 무모해 보여도 고전을 가장 잘 이해시키는 방법이기도 하다.

힘든 만큼 효과가 확실한 독서법

　✎ 너무 힘들었다. 그리고 손가락이 뿌러지드시 아팠다. 근데 좀 재밌기도 하였다. 사자소학을 쓰기 시작할 때는 어렵고 힘들었는데 다 쓰고 나니 기분이 상쾌하고 뿌듯했다. 『사자소학』 중에서 가장 기억에 남는 구절은 "구물잡담 수물잡희(口勿雜談 手勿雜戱)"이다. 왜 내가 이 구절을 좋아하냐면 이 구절 덕분에 수업 시간에 손장난을 하지 않게 되었고 손을 가만히 놔두게 되었다. 그리고 이 구절 덕분에 옆짝꿍과 떠들지 않게 되었다. 이 구절은 나에게 많은 교훈과 가르침을 주는 것 같다. 나는 『사자소학』이 어렵긴 하지만 재미있다.

　이 글은 2학년 한 남자아이가 『사자소학』 필사를 마치고 쓴 소감문이다. 필사하면서 겪었을 역경이 눈에 보이는 듯하다. 하지만 필사의 결과로 얻어진 성취감과 교훈이 어려움을 상쇄하고도 남았음을 엿볼 수 있다. 필사는 힘든 만큼 그 효과가 확실한 독서법이라 할 수 있다.

필사는 절대 빨리 진행할 수 없다. 특히 아이들은 글자 쓰는 속도가 느리기 때문에 더욱 더디다. 한 문장을 베껴 쓰기 위해서는 여러 번 그 문장을 속으로 되뇌며 이해하려고 애써야 한다. 그러다 보니 저절로 세세한 부분까지 꼼꼼히 곱씹듯 읽게 된다. 이해력과 사고의 깊이가 저절로 깊어질 수밖에 없다.

게다가 필사를 하다 보면 작가의 글 전개 능력, 문체, 생각 등을 저절로 습득하게 된다. 필사는 글쓰기의 속성 과정이라는 말도 있을 정도다. 작가 지망생들이 『소나기』나 『메밀꽃 필 무렵』과 같은 작품을 여러 번 필사하는 것도 바로 이런 이유 때문이다.

정약용이 아들에게 추천한 독서법

베껴 쓰기 방법 외에도 초서(抄書)의 방법도 권하고 싶다. 초서의 초는 '노략질한다'라는 뜻으로 초서란 '책을 노략질한다'는 의미다. 즉 책의 중요한 부분만 노략질하듯이 베껴 가며 읽는 방법이다.

필사와 다른 점은 단순히 베끼기보다 자신이 목표하는 바나 찾고자 하는 바를 책에서 발견하고 그것을 옮겨 적는 독서법이다. 아이들에게는 다소 힘들 수 있다. 따라서 초서는 어느 정도 고전읽기가 자리를 잡고 생각과 주관이 명확해졌을 때 시도해 보는 것이 좋다.

> 초서(抄書)의 방법은 먼저 내 학문이 주장하는 바가 있은 뒤에, 저울질이 마음
> 에 있어야만 취하고 버림이 어렵지가 않다. 학문의 요령은 전에 이미 말했는
> 데, 네가 필시 잊은 게로구나. 그렇지 않고서야 어찌 초서의 효과를 의심하여
> 이런 질문을 한단 말이냐?
>
> –정민 『다산선생 지식경영법』 중에서

다산이 귀양지에서 두 아들에게 보낸 편지의 일부다. 아들들이 아
버지가 권한 초서식 독서법에 대해 의문을 제기하자 다산이 단호하
게 일침을 가하는 내용이다. 다산은 자신도 초서식 독서법을 즐겨했
을 뿐만 아니라 아들들에게도 초서식 독서법을 강조하였다.

정약용이 누구인가?『목민심서』를 포함하여 492권의 책을 저술한
대학자이자 정치가다. 그런 그가 자식에게 권한 독서법이니, 분명 그
효과야 의심할 여지가 없을 것이다. 다만 앞에서도 말했듯이 신중하
게 접근해야 한다.

필사보다 중요한 것은 도서 선정이다

어떤 책을 필사해야 할까? 어떤 이는 "독서가 아메리카노라면 필사는 에스프레소"라고 말한다. 그만큼 필사를 하면 머리에 진하게 박힌다는 뜻이다. 따라서 아이에게 필사를 시킬 때는 아무 책이나 선택해서는 안 된다.

장편보다는 단편 고전 중에서 아이에게 주고 싶은 교훈이나 주제가 담긴 것을 골라 시작하도록 하자. 우리나라 단편 문학이나 경서를 권하고 싶다. 필사한 책은 아이가 그대로 흡수하게 되므로, 오역이나 오류가 있을지 모르는 외서는 피하는 것이 좋다.

『소나기』, 『메밀꽃 필 무렵』, 『명심보감』, 『소학』은 필사하기 좋은 작품이라고 할 수 있다. 이 밖에도 『잠언』은 경서들 중 오류가 가장 적은 책인 만큼 필사해 볼 것을 권한다. 나는 이런 책들을 생활 지도 수단으로 활용하곤 한다. 아이들이 친구에게 욕을 하거나 괴롭히고 싸울 때마다 『명심보감』이나 『논어』와 같은 책을 한 장(章) 정도 필사하게 한다. 이 방법은 장황하게 훈계를 늘어놓거나 혼을 내는 것보다 더 효과적이다. 씩씩거리던 아이도 필사를 하는 사이 마음이 가라앉는다. 고전의 명구절들이 아이의 마음을 보듬고 어느새 교정시켜 주는 것이다.

한 권의 책을 가족끼리 나눠서 필사하는 것도 좋다. 필사를 꾸준히 해 나갈 수 있으며 가족 간의 유대감을 공고히 해준다.

가끔 컴퓨터로 필사하면 효과가 떨어지느냐고 묻는 사람들이 있다. 필사는 책을 빨리 읽겠다는 생각을 애당초 버린 독서법이다. 한 자 한 자 몸으로 읽는 독서법인 만큼 컴퓨터 자판으로 필사하는 것은 효과가 전혀 없다. 만약 아이가 너무 힘들어하거나 싫어한다면 필사보다 그냥 천천히 읽을 것을 권한다.

가르쳐 주지 말고 반복하게 한다

the great book

　"책을 백 번 읽으면 그 뜻이 스스로 보인다."라는 말은 반복 읽기의 중요성을 잘 대변해 주고 있다. 나는 이 말뜻을 아이들과 「사기열전」을 읽으면서 몸소 체험했다.

　『사기』는 사마천의 작품으로, 중국 역사상 최고의 역사책으로 꼽힌다. 사마천은 아버지 때부터 집필하기 시작한 이 책을 완성하기까지 37년이 걸렸다. 『사기』 중에서도 「사기열전」은 백미로 꼽힌다. 그런 「사기열전」을 아이들과 읽다가 어려움에 부딪혀 쓰러지는 줄 알았다. 흥미진진한 내용에 반해 중국 역사이다 보니 등장하는 나라나 인물, 어휘 모든 것이 생소했던 것이다. 매번 아이들의 질문이 쏟아졌다. 이때마다 일일이 가르쳐 주기보다 열 번 이상 읽어 봤냐고 물어보았다. 처음에는 가르쳐 주지 않는다며 투덜거리다가도 여러 번 반복해서 읽어 보는 사이 아이들은 스스로 깨우쳤다. 그때마다 아이들은 엄청 뿌듯해하며 「사기열전」에 더욱 빠져들었다.

고전읽기의 진정한 발견

책은 저자의 분신이며 인격 그 자체다. 책 한 권에 저자의 모든 생각과 가치, 인생이 고스란히 녹아 있기 때문이다. 그렇기 때문에 책을 읽는다는 것은 저자와의 만남이라고 할 수 있다. 영국 소설가 골드 스미스는 "좋은 책을 처음 접하면 새 친구를 얻는 듯하고, 전에 읽은 책을 다시 읽게 되면 옛 친구를 만난 것 같다."고 말하기도 했다.

특별히 고전의 저자들은 보통 사람들이 아니다. 그 분야에서 권위와 천재성을 지닌 특별한 사람들이다. 따라서 고전을 통해 이런 특별한 사람들을 만난다는 것은 특별한 인생을 살아갈 준비를 하는 것과 마찬가지다.

그런 만큼 고전은 한 번의 독서로 그 구실을 다하는 것이 아니다. "재독하고 애독하며, 다시 손에서 떼어 놓을 수 없는 애착을 느끼는 데서 그지없는 가치를 발견할 것이다."라고 말한 러스킨의 말처럼 고전은 재독하고 애독해야 한다.

위편삼절(韋編三絶)은 공자의 독서법 중의 하나다. 공자가 『주역』을 깨치기 위해 반복해서 읽다 보니 책을 묶은 가죽 끈이 세 번이나 떨어졌다는 데서 유래된 말이다. 위편삼절식 독서를 한 사람이 어디 공자뿐이겠는가?

조선시대 성리학의 대가로 꼽히는 정여창은 『소학』을 30년 동안 읽은 것으로 유명하다. 그는 그 이유를 "나는 자질과 능력이 남들보다 못한 사람이다. 그렇기 때문에 전심전력을 다해 독서하지 않으면 털끝만 한 효과도 얻기 힘들다."고 하면서 소학을 읽고 또 읽었다고 한다. 조선시대 성군으로 꼽는 영조 역시 『소학』을 100번 넘게 읽었으며 중국 송나라 재상 조보는 평생 『논어』만 읽었다고 한다.

이들은 왜 그렇게 같은 책을 여러 번 읽은 것일까? 뛰어난 머리로 시대를 호령한 성군이요, 재상이요, 사상가였는데 말이다. 바로 고전 읽기의 진정한 발견은 반복해서 읽는 데 있기 때문이다.

독서삼독하라

독서삼독(讀書三讀)이라는 말이 있다. 이 말은 책을 읽을 때 세 가지를 읽어야 한다는 말이다. 첫째는 텍스트 읽기, 책의 내용을 읽고 이해하는 것이고, 둘째는 저자 읽기, 책을 쓴 사람을 이해하고 그와 대화를 나누는 것이고, 마지막은 자신 읽기, 책을 읽으면서 자신을 성찰하고 이해하는 것이다. 이런 독서삼독을 하려면 책을 반복해서 읽어야 한다. 반복해서 읽지 않으면 텍스트 읽기에 그칠 수밖에 없다.

아이들 역시 고전을 한 번 읽었을 때와 두세 번 읽었을 때 전혀 다른 느낌과 깨달음을 얻었다. 처음 읽을 때는 내용, 줄거리 파악에 급급한 데 반해 두 번째부터는 자기만의 해석을 해보는 등 넓은 시야에서 접근한다.

> ✎ (전략) 책을 다 읽고 난 후 독서록을 쓰기 위해서『톨스토이 단편선』을 다시 읽었다. 그런데 첫 번째로 읽었던 것과는 전혀 다른 느낌과 생각이 들었다. 내가 다르게 느낀 부분 중에서 가장 생각나는 이야기는 「사람은 무엇으로 사는가?」와 「두 노인」이다. 「두 노인」에서 나는 처음에 엘리사가 에핌보다 더 괜찮은 사람이라고 생각했지만, 이번에는 다르게 생각했다. 왜냐하면 엘리사는 친구인 에핌만 놔두고 간 것과 마찬가지이기 때문이다. 나는 엘리사가 에핌과의 약속을 지키지 않은, 즉 거짓말을 한 사람이라고 생각했다. 또 「사람은 무엇으로 사는가?」에서 미카엘 대천사가 사람은 사랑으로 산다고 하였다. 하지만 나는 미카엘이 언급한 사랑이라는 범위를 감정으로 바꾸고 싶었다. 왜냐하면 사람은 분노, 증오 등 부정적인 감정을 가지고 살기도 하기 때문이다. 비록 내가 다시 물음표를 던져서 다른 답을 얻어 내기도 했지만『톨스토이 단편선』은 매우 훌륭한 책이라는 것을 느끼게 되었다.

한 여자아이가 『톨스토이 단편선』을 읽고 작성한 글이다. 이 아이는 독서록을 작성하기 위해 책을 다시 읽었는데, 그 느낌이 처음과 전혀 다르며, 주인공에 대한 생각도 바뀌었다고 적었다. 또한 「사람은 무엇으로 사는가?」에서 저자는 이 물음에 대해 "사람은 사랑으로 산다."라고 밝히고 있지만, 자신은 "사람은 감정으로 산다."라고 말하고 싶다고 했다. 저자의 생각을 자신의 생각과 견주어 읽고 있는 것이다. 이 아이는 독서삼독 중 최소 두 가지 차원에서 책을 읽었다고 할 수 있다. 이런 재발견이 가능한 이유는 책을 반복해서 읽었기 때문이다.

책을 열심히 읽고 있는 것 같지만 실은 줄거리 읽기에 급급한 아이가 많다. 이런 아이들은 줄거리 전개가 다소 느리고 흥미가 떨어지는 부분은 대충 읽는다. 또한 줄거리와 관련 없는 인물이나 대사, 배경 등에는 별로 주의를 기울이지 않는다. 책을 반복해서 읽으면 이와 같은 '줄거리 따라가기식' 독서 습관도 버릴 수 있다.

아이에게 고전을 읽힐 때는 적어도 세 번은 읽힐 것을 권한다. 처음에는 줄거리와 내용을 중심으로 정독시킨다. 모르는 어휘가 있으면 사전도 찾아보며 꼼꼼히 읽게 한다. 한 권을 다 읽었다면 일주일 정도 시간을 두었다가 다시 읽힌다.

이때는 비판하며 읽도록 한다. '왜 이런 곳에 이런 어휘를 사용했을까?' '나라면 어떻게 했을까?' '저자는 이 책을 통해 궁극적으로 무엇을 말하고 싶었을까?' 등 분석적으로 읽게 하는 것이다.

그리고 마지막에는 삶에 적용하면서 읽도록 한다. 『근사록』이라는 책에 "공자의 『논어』를 읽어, 읽기 전과 읽은 후가 똑같다면 구태여 읽을 필요가 없다."라는 말이 등장한다. 아이에게 고전을 읽히는 궁극적인 목표는 바로 아이의 내면적 성장일 것이다. 따라서 마지막에는 그 책이 무엇을 말하고자 하는지 생각하고, 이를 삶에 구체적으로 적용하면서 읽을 수 있도록 한다.

한 번 읽은 것은 읽어 봤다고 말할 수 있고, 두 번 읽은 것은 안다고 할 수 있고, 세 번 읽으면 그 책이 내 안에 있다고 말할 수 있다.

외국 고전은 비교하며 읽게 한다

the great book

    고전은 반복해서 읽혀야 한다고 강조했다. 외국의 유명한 고전 문학들은 다양한 번역본으로 출간되어 있는 만큼 다른 번역본도 함께 구해 읽히면 더욱 좋다. 같은 작품이라도 번역자에 따라 그 맛과 색이 전혀 다르게 느껴지기 때문이다.

아침입니다. 이제 막 떠오른 태양이 고요한 바다를 황금빛으로 물들이고 있습니다. 해변에서 그리 멀지 않은 바다에 고깃배 한 척이 떠 있습니다. 고깃배에서 물고기를 모으려고 밑밥을 던지자, 우두머리 갈매기는 이 소식을 끼룩끼룩 다른 갈매기들에게 전합니다. 수많은 갈매기 떼가 무리를 지어 날아와 음식 조각을 얻기 위해 다툽니다. 분주한 하루가 시작된 것입니다.

– 『갈매기의 꿈』(예림당, 유영일 옮김)

아침이었다. 새로운 태양이 황금빛으로 출렁이고 있었다. 해변으로부터 1킬로미터쯤 떨어진 곳에서 고기잡이 배 한 척이 먹이를 가득 던져 주며 물고기들을 유인하고 있었다. 아침 먹이를 찾고 있던 갈매기 떼에게도 그 소식이 바로 전해졌고, 그러자 수천 마리의 갈매기들이 몸을 던져 한 조각의 먹이를 위해 싸움을 벌였다. 그렇게 또 하루의 분주한 날이 시작되고 있었다.
– 『갈매기의 꿈』(현문미디어, 류시화 옮김)

이 두 번역서(두 책 모두 현재는 절판 상태로, 번역의 비교를 위해 인용하였다.)는 1970년에 출간되어 미국 문학 사상 최대 베스트셀러였던 『바람과 함께 사라지다』의 판매 기록을 뛰어넘은 리처드 바크의 『갈매기의 꿈』이다. 이 책을 읽어 보지는 않았더라도 "가장 높이 나는 새가 가장 멀리 본다."라는 구절은 한 번쯤 들어 보았을 것이다. 여기서 소개한 내용은 이 책의 맨 앞부분인데, 출판사와 번역가에 따라 전혀 다른 느낌이 나는 것을 확인할 수 있다. 어떤 번역이 더 좋은지에 대한 판단은 독자의 몫이다.

책보다 번역자를 골라라

번역서를 읽다 보면 도대체 무슨 뜻인지 모를 때가 있다. 이는 대부분 번역이 잘못된 경우다. 나 역시 대학원에서 교육 철학을 전공할 때 이와 비슷한 경험을 한 적이 있다. 전공 교수가 철학 원서를 읽어 오라는 과제를 내주었다. 시간은 없고 영어 실력도 부족한 탓에 대대로 내려오는 번역 족보에 의존했다. 하지만 아무리 읽어도 이해가 가지 않았다. 결국 번역 족보를 포기하고 사전을 찾아가며 원서를 읽었더니 훨씬 이해가 잘 되었다.

어떻게 번역하느냐에 따라 원서보다 어려운 번역이 나올 수 있다. 번역도 또 하나의 창작이다. 그만큼 번역은 어렵고도 중요하다. 더구나 고전은 한 문장을 위해 작가가 수많은 밤을 지새우고 씨름을 하여 완성된 책이다.

현재 우리나라 최고의 작가로 손꼽히는 김훈은 『칼의 노래』라는 작품의 첫 문장으로 "버려진 섬마다 꽃이 피었다."와 "버려진 섬마다 꽃은 피었다." 사이에서 한나절을 꼬박 고민하며 담배 한 갑을 태웠다고 한다. '은'과 '이' 고작 한 글자 차이가 뭐 그리 대단할까 싶지만 작가에게는 점 하나, 조사 하나마다 의미가 다른 것이다.

이는 번역에서도 마찬가지다. 번역을 어떻게 하느냐에 따라 그 책의 가치가 달라진다. 때로는 오역 때문에 세기의 고전 명작이 뜻도 알 수 없는 졸작으로 전락하기도 한다. 따라서 번역서를 선택할 때는 번역가를 잘 보고 선택해야 한다. 가급적 그 분야의 전문 번역가의 번역서를 구매하는 게 좋다.

어떻게 읽었느냐가
고전 효과를 좌우한다

암탉이 알을 품듯 애지중지하며 책을 읽어야 한다.

고전을 온전히 자신의 것으로 만들기 위해서는 빨리 읽는 것보다 오랜 시간을 들여 천천히 읽는 것이 좋다. 암탉이 10일만 알을 품으면 병아리가 나올 수 없듯이 고전을 순식간에 읽어 해치우면 좋은 것들을 얻을 수 없다. 가급적 많은 시간을 들여 꼼꼼히 읽는 것이 좋다.

고전에도 읽기 방법이 있다

고전은 적어도 세 번을 읽어야 한다. 처음에는 줄거리와 내용을 중심으로 정독하게 한다. 모르는 어휘를 찾아가며 꼼꼼히 읽게 한다. 완독하였다면 일주일 후 내용을 분석하며 비판적으로 읽게 한다. 마지막에는 책에 나온 내용을 삶에 적용하며 읽도록 한다.

아이의 독서를 확인하지 마라

아이가 제대로 읽고 있는지 궁금할 것이다. 하지만 이를 확인하기 위해 꼬

치꼬치 캐묻다 보면 고전읽기가 숙제처럼 느껴져 싫어질 수 있다. 이보다 아이에게 책 내용에 대해 질문을 만들어 보라고 하자. 부모에게 질문을 한다는 생각에 신이 나서 질문을 만들 것이다. 이를 통해 아이의 이해 정도를 파악할 수 있다.

부모와 아이는 일심동체다

아이는 고전을 읽히는 엄마가 원망스러울 수 있다. 부모는 읽지 않으면서 아이에게만 강요한다면 불만은 더욱 쌓여 고전읽기가 실패할 확률이 높다. 더군다나 책만 쥐어 주고 고전을 읽으라고 할 때 성공적으로 읽을 수 있는 아이는 없다. 고전의 맛을 알고 방법을 터득할 때까지 부모도 아이와 함께 고전을 읽어야 한다.

산만한 아이는 몸으로 읽게 하라

아이가 산만하다면 고전읽기는 힘들 수 있다. 한 구절, 한 구절 그 의미를 짚어 가며 읽어야 하기 때문이다. 만약에 아이가 집중력이 약하고 활동적이라면, 음독이 효과적이다. 단 음독을 할 때는『소학』,『명심보감』처럼 호흡이 짧은 책을 선택해야 한다.

아이의 질문에 답해 주지 마라

생소한 어휘와 인물, 내용이 많은 고전을 읽다 보면 아이가 질문할 것이다. 이때 바로 답해 줘서는 안 된다. 아이의 사고가 성장하는 기회를 앗아가는 것과 다름없다. 먼저 아이에게 그 부분을 열 번 이상 읽어 보라고 한다. 그 부분을 반복해서 읽는 사이 스스로 깨달을 확률이 높다. 그래도 알지 못한다면 그때 알려 주는 것이 바람직하다.

고전읽기 효과는 반마다 다르게 나타난다. 차이
를 보이는 데에는 여러 가지 원인이 있겠지만 책
의 분야, 내용의 수준, 아이의 읽기 능력 등을 고
려하여 얼마나 다양하고 깊이 있는 독후 활동
이 이루어지느냐에 따라 고전읽기 효과가 달라
진다. 현실적으로 독후 활동은 너무나도 다양하
다. 그 많은 독후 활동을 이 장에서 다 소개하는
것은 불가능하므로, 몇 가지 쉽게 접근할 수 있
는 것들만 추려 담았다.

7장

고전읽기 효과가
2배가 되는 독후 활동

책을 읽기 전부터 독서록을 쓰게 한다

the great book

독서록은 자신이 파악한 책의 내용과 작가의 생각을 일정한 형식을 갖추어 정리한 것이라고 할 수 있다. 독서록의 가장 일반적인 형태는 글의 주제에 대한 생각과 견해를 밝히고 자신의 주장을 펼치는 것이다. 단순한 과정 같지만 모든 사고 과정이 총동원되어야 가능한 고등 정신 활동이다.

책을 아무리 많이 읽더라도 생각하지 않으면 사고력을 키울 수 없다. 독서록 쓰기는 바로 이를 도와주는 활동이다. 이 활동의 핵심은 자신의 느낌, 생각, 주장, 상상, 의문점 등을 글로 표현하는 데 있다.

이를 위해서는 책 안에 담겨 있는 진리, 가치관, 생각 등을 이해해야만 한다. 즉 독서록 쓰기 활동은 책을 정독하게 만든다. 또한 독서록을 쓰다 보면 책을 비판적으로 읽게 된다. 이런 과정을 통해 형성된 비판력은 고등 학문의 기초가 될 뿐 아니라 다른 사람의 주장이나 신문, 뉴스 등 정보의 가치를 평가하는 힘이 된다. 그래서 독서록을 쓰는 습관을 기르다 보면 독창성이 발달한다. 여기서의 독창성이란 새롭고 기발한 것이 아니라 '문제를 다각적으로 보는 능력'이다. 자유롭게 발상하고 문제를 다른 시각에서 볼 수 있도록 생각을 다듬어 주기 때문에 독서록을 쓰다 보면 논술 실력도 좋아지게 된다.

사실 독서록은 부모와 아이가 전쟁을 벌이는 주요 원인 중 하나다. 아이는 쓰기 싫다고 버티고, 부모는 써야 한다고 채근한다. 이런 일이 반복되다 보면 아이는 독서록이 쓰기 싫어 책 읽기 자체를 싫어하게 된다. 이런 일들이 생기는 것은 독서록에 대한 편견 때문이다.

보통 독서록은 책을 다 읽은 후 하는 활동으로 생각하지만 사실 독서록은 책을 읽기 전부터 쓰는 것이다. 그 책을 읽게 된 동기나 독서 전략, 예상 내용 등은 읽기 전에 쓸 수 있다. 그 후 책을 다 읽고 알게 된 핵심 내용과 느낀 점, 배운 점을 추가하여 독서록을 완성할 수 있다. 읽은 책마다 반드시 독서록을 작성해야 하는 것은 아니다. 아이에게 어느 정도 선택권을 줘야 질리지 않는다.

창의적인 생각을 이끄는 활동

the great book

가장 일반적인 독후 활동인 독서록 외에도 다양한 독후 활동이 있다. 한 권의 책을 읽고도 얼마든지 다양한 독후 활동을 해볼 수 있는데, 아이들이 손쉽게 할 수 있는 몇 가지만 소개하고자 한다.

아이의 손에서 고전이 재탄생한다

'원문 바꿔 쓰기'는 책에서 발견한 좋은 글귀나 유명한 부분을 바꿔 적어 보는 활동이다. 시키는 입장에서는 편하지만 아이 입장에서는 몇 날 며칠을 끙끙 앓아야 하는 활동이기도 하다.

한번은 『백범일지』를 읽고 난 후 아이들에게 책 마지막에 등장하

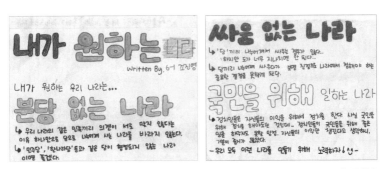

는 '내가 원하는 우리나라'라는 글을 바꿔 써보도록 했다. 책에서는 우리나라가 세계에서 가장 아름다운 나라가 되기를 바란다는 내용이었다.

원문을 충분히 이해해야지만 가능한 활동이기 때문에 아이들은 원문을 반복해서 읽어야 한다. 이것으로 끝이 아니다. 원문을 이해했다면 이를 자신의 것으로 바꾸기 위해 고민해야 한다. 그리고 자신의 언어로 생각을 표현할 수 있어야 한다. 어휘력이 좋거나 상상력이 풍부한 아이일수록 새롭고 좋은 글이 나온다.

고전의 장르를 바꾸다

책을 읽은 후 자신의 느낌이나 생각을 시, 극본, 수필 등 다양한 형태의 장르로 표현해 볼 수 있다. 이때 아이들이 가장 부담 없이 생각

도르르 비와 함께

도르르 비와 함께
내 눈물도 흐르고

도르르 비와 함께
애틋한 사랑도 피어난다

비가 주는게
너무나 많아

도르르 비와 함께
우산이 빙어 돌고

도르르 비와 함께
소녀의 숨도 끊어진다

비가 저엄 오고
좋은 걸 앗아가서
내 마음 슬픔으로 허전하네

아이가 책을 읽고 느낀 점을 표현한 작품들을 평가해서는
안 된다. 자유롭게 느끼고 표현해 보도록 한다.

하는 장르가 시다. 어른들은 가장 어렵게 생각하는 장르이지만 아이들은 거침이 없어 다른 어떤 장르보다 시로 표현하는 것을 좋아한다.

왼쪽의 시는 4학년 여자아이가 『소나기』를 읽고 적은 것이다. 정말 시인처럼 풍부한 감수성이 돋보여 원작보다 더 애달프게 느껴진다.

고전과 체험이 만나다

고전을 읽기 전이나 읽은 후 책 내용과 관련된 체험 활동을 하면 책의 효과를 높일 수 있다. 예를 들어 『백범일지』를 읽기 전후에 백범기념관을 다녀오거나 『난중일기』를 읽은 후 이순신의 친필 초고가 보관되어 있는 현충사를 방문하는 것이다. 이런 활동은 막연했던 내용의 이해를 돕고 더 오랫동안 기억하게 하는 효과가 있다.

이뿐만이 아니라 고전을 소재로 한 창극, 연극, 영화 등 다양한 방식으로 고전에 대한 관심과 이해도를 높일 수 있다.

책거리가 즐거우면
고전이 재미있어진다

the great book

아무리 화가 나도 자녀에게 책을 던지거나 책으로 때려서는 안 된다. 혼난다는 부정적인 상황과 책이 연결되어 책을 싫어하게 되는 원인이 될 수 있다. 유대인들은 『성경』에 대해 긍정적인 인상을 심어 주기 위해 아이가 태어나면 『성경』 표지에 꿀을 발라 놓고 그것을 핥게 한다. 이 경험이 아이에게 『성경』과 묵은 책에서 나는 특유의 냄새에 대해 좋은 인상을 갖게 한다는 것이다.

책거리 역시 이런 측면에서 접근해 볼 수 있다. 즉 그간의 어려움을 잘 이겨내고 무사히 완독한 것에 대한 보상을 넘어 고전읽기에 대한 긍정적인 인식을 심어 주는 목적으로 책거리를 해주는 것이다. 고전은 한 달 이상 붙들고 애써야지만 읽을 수 있다. 그만큼 책거리는 또 다른 고전읽기를 유도하는 최고의 동기 부여가 되기도 한다.

책거리를 해줄 때 고려해야 하는 것은 시기와 방식이다. 언제, 어떻게 해줄 것인지를 충분히 고민해야 한다. 한 권을 완독할 때마다 해주거나 혹은 한 달이나 한 학기마다 해주는 방법도 생각해 볼 수 있다.

2학년 아이들을 가르칠 때 이런 아이를 본 적이 있다. 한 달 동안 학교에서 읽은 고전책을 집으로 가져가는 날이면 부모님이 자기가 좋아하는 치킨을 시켜 준다고 자랑하는 아이였다. 치킨을 먹으면서 그달에 읽었던 고전책에 대해 엄마 아빠와 같이 이야기를 나눈다고 하였다. 이야기를 듣고 이 아이의 부모가 정말 지혜롭다는 생각이 들었다. 아이가 좋아하는 치킨을 이용해서 아이에게 정말 멋진 책거리를 해주고 있는 셈이었다.

또한 아이와 친한 친구들을 초대하는 방법도 있다. 책거리 파티이므로 초대한 친구들에게 책을 선물하거나 아이가 읽은 책으로 퍼즐을 만들어 풀게 하는 등 책과 관련된 활동을 마련하면 더욱 좋다.

단순히 먹고 즐기는 것만이 아니라 그 책과 관련된 체험 학습 또한 책거리라고 할 수 있다. 책거리에서 가장 중요한 것은 아이에게 의미 있고 대단한 책을 읽었다는 자부심과 성취감을 심어 주는 것이다.

아이들이
가장 좋아하는 독후 활동

the great book

　『장발장』,『로테와 루이제』,『빨간 머리 앤』,『오즈의 마법사』,『샬롯의 거미줄』,『내 이름은 삐삐 롱스타킹』,『오만과 편견』, 아이들에게 이제까지 읽었던 고전들 중에서 가장 기억에 남는 책을 말해 보라고 했더니 이런 고전들을 꼽았다. 이 책들의 공통점은 책과 함께 영화를 봤다는 것이었다.

　고전 작품을 읽으면서 관련 영화를 보는 것은 가장 손쉬우면서 효과 만점인 독후 활동이다. 책 읽기는 싫어해도 영화 보는 것을 싫어하는 아이들은 없다. 고전읽기를 하면서 가장 좋았던 점이나 기억에 남는 일을 꼽으라고 하면 적잖은 아이들이 영화를 본 일을 꼽는다. 또한 고전의 경우 워낙 유명한 작품들이기 때문에 많은 경우 영화로 만들어져 손쉽게 구할 수 있어 독후 활동으로 가장 추천할 만하다.

한번은 반 아이들에게 〈공자〉라는 영화를 보여 주었는데, 아이들의 반응이 별로였다. 공자의 삶을 담담하게 그려 낸 영화로 내용은 대단히 교육적이지만 아이들의 흥미를 끌기에는 부족했다. 하지만 그다음 해 『논어』를 읽은 후 그 영화를 보여 줬을 때는 아이들의 눈빛부터 달랐다. 책에서 읽은 인물들이 영화에 등장할 때마다 여기저기서 난리가 났다. 특히 공자가 가장 아끼고 유일하게 배우기를 사랑했던 제자 안회가 죽는 장면에서는 공자만큼 안타까워했다.

그 전엔 지루하다는 평을 들었던 영화가 새롭게 조명되는 계기이자, 아이들에게는 『논어』의 내용을 더욱 새롭고 입체적으로 이해하는 기회가 된 듯했다.

영화를 독후 활동으로 활용하면 여러 가지 이점들이 있다. 먼저 내용 이해를 돕는다. 특히 글에 대한 이해력이 떨어지는 아이들은 작품을 읽어도 줄거리조차 잘 이해하지 못하는 경우가 많은데, 영화를 보면서 이런 점을 보완할 수 있다. 뿐만 아니라 글로는 잘 상상되지 않았던 부분들이 영상으로 그려져 답답함이 해소되고 원작을 더욱 좋아하는 계기가 되기도 한다.

단 영화를 독후 활동에 활용하고자 할 때 주의할 점이 있다. 영화보다는 책을 먼저 읽어야 한다는 점이다. 책보다 영화를 먼저 보여 주면 책에 대한 집중력이 떨어지고 흥미가 급감한다. 영화는 영상 자극물이기 때문에 문자 자극물인 책보다 자극의 강도가 세다. 자극의 강도가 센 것을 먼저 맛보면 이보다 자극의 강도가 약한 것은 재미가 없고 흥미가 떨어지기 마련이다. 마치 음식 맛을 볼 때 간이 센 것을 먹은 다음에 간이 약한 것을 먹으면 거의 맛을 느끼지 못하는 것과 같다.

영화를 본 후에는 원작과 영화를 비교해 보는 시간을 갖는 것이 좋다. 원작과 영화 내용 중에서 같은 점과 다른 점 찾기, 원작과 영화 중에서 더 좋았던 점 찾기, '만약 내가 영화감독이었다면'과 같은 주제를 가지고 이야기해 보기 등의 활동을 하는 것이다. 그러면 원작을 읽거나 영화를 볼 때 한층 집중하게 되고, 비교 분석 능력이 발달하게 된다.

고전 발표회를 열어라

the great book

 "들은 것은 까먹고(I hear and I forget), 본 것은 기억되고(I see and I remember), 한 것은 이해된다(I do and I understand)."라는 말이 있다. 이 말은 듣고 본 것보다 직접 해본 것의 효과를 강조한 말이다. 고전 읽기를 하면서 이 말을 절감한다. 고전을 그냥 눈으로 읽고 교사나 부모의 설명을 듣기만 하면 금세 까먹거나 '이 책 나도 읽어 봤다' 하는 정도에 머물 수 있다. 하지만 몸으로 읽으면 아이의 기억 속에 평생 남길 수 있다.

 아이들에게 읽은 고전 중에서 가장 기억에 남는 책을 꼽아 보라고 했더니 5학년 학생들 중 많은 아이가 『안중근』을 꼽았다. 이상하다 싶었다. 『안중근』은 아이들이 좋아할 만한 책이 아니기 때문이다. 『비밀의 화원』, 『빨간 머리 앤』과 같은 이야기책도 아니고, 『마법의 설탕 두 조각』, 『나니아 연대기』와 같은 판타지도 아니다. 그런데 왜 일까? 이유가 궁금했다. 알고 보니 본인들이 4학년 때 『안중근』 내용을 가지고 뮤지컬을 했다는 게 그 이유였다. 만약 『안중근』을 책으로만 접했다면 이 작품이 기억에 남는다는 아이는 거의 없었을 것이다. 읽었다는 기억조차 희미했을지도 모른다. 하지만 작품을 읽고 뮤지컬로 공연을 해본 덕분에 가장 선명하게 기억에 남는 작품이 된 것이다.

똑같은 질문을 6학년 아이들에게 했을 때는 상당수의 아이가 『셰익스피어의 4대 비극』을 꼽았다. 이유는 간단했다. 이 작품을 가지고 '셰익스피어 연극제'를 했기 때문이다. 아이들은 "사느냐 죽느냐 그것이 문제로다."와 같은 명대사를 최대한 폼 나게 연기하기 위해 노력하며 저마다 맡은 역할에 최선을 다했다. 자신들이 공연을 할 때는 긴장감과 흥분감에 짜릿해했고, 친구들의 공연을 볼 때는 생소한 모습들에 즐거워했다. 이렇듯 셰익스피어 연극제를 하면서 본인이 직접 연극 연출도 해보고 직접 배우가 되어 연기도 하였으니, 어찌 기억에 남지 않겠는가?

아이들은 연극을 통해 세계 문학의 젖줄이라고 일컬어지는 셰익스피어의 작품을 읽는 것에서 더 나아가 400년 전의 셰익스피어와 생생하게 만나는 경험을 하였다. 이후 『셰익스피어 4대 비극』을 모두 연극으로 해보자고 건의하는 아이가 많았다. 시간적인 문제로 아이들의 의견을 수용해 주지 못하는 현실이 안타까울 뿐이었다.

아무리 따분하고 재미없게 느껴지는 고전일지라도, 연극, 뮤지컬,

노래처럼 다양한 활동을 곁들이면 즐겁고 기억에 남는 고전읽기를 할 수 있다. 내가 근무하는 학교에서는 이런 장점을 한껏 살리기 위해 '고전 발표회'를 개최한다. 한 해 동안 읽었던 고전 중에서 한 작품을 선정하여 다양하게 발표하는 것이다. 고전을 동화 구연처럼 발표하는 고전 구연부터 시작해서 연극, 뮤지컬, 노래, 역할극, 뉴스, 판소리, 고전 골든벨 등 다양한 형태로 각색하여 고전을 발표한다. 많은 아이가 고전 발표회를 가장 기억에 남는 고전 활동 중 하나로 꼽는 데 주저하지 않을 정도로 만족도가 굉장히 높은 활동이다.

이 책을 읽는 독자가 부모라면 뮤지컬이나 연극과 같은 독후 활동은 한계가 있겠지만 만약 교사라면 이 방법을 특히나 강력하게 권하고 싶다. 아이들이 무척이나 좋아하며 흥분하는 모습을 볼 수 있을 것이다.

추천하고 싶은 다양한 고전 대회

the great book

　최근 들어 고전읽기에 대한 관심이 높아지면서 고전읽기와 관련된 행사도 많아졌다. 이러한 행사나 대회에 참여해 보자. 자신의 실력을 평가하는 기회이자 단기간 내 집중적으로 독서해야 하므로 대회가 끝나고 나면 한 단계 성장하는 계기가 되기도 한다. 외부로 눈을 돌려 백일장 대회 등에 출전하여 식견을 넓혀 보자. 대회에 참석하면 나뿐만이 아니라 수많은 사람이 고전을 읽고 있다는 사실을 깨닫게 된다. 이는 고전읽기에 대한 의욕을 한층 더 북돋아 준다.

◆ 전국 고전읽기 백일장 대회

　먼저 소개하고자 하는 대회는 대통령상 타기 '전국 고전읽기 백일장 대회'다. 이 백일장은 국민독서문화진흥회가 주관하고, 문화체육

관광부, 교육과학기술부, 여성가족부 등이 후원하는 전국적인 대회로 올해로 27회를 맞는다. 대상은 초등부, 중·고등부, 대학부, 일반부로 나뉜다.

진행 방식은 매년 가을에 국민독서문화진흥회가 선정 도서를 발표한다. 이들 도서 중 해당 학년 도서를 한 권 읽고, 참가 신청서와 함께 200자 원고지를 기준으로 초등 저학년 4~5매, 초등 중·고학년 5~6매 분량의 감상문을 국민독서문화진흥회로 보내면 된다. 우편 접수, 인터넷 접수 모두 가능하다. 자세한 사항은 국민독서문화진흥회(www.readingnet.or.kr) 홈페이지에서 확인하면 된다.

◆ 전국 어린이 고전 암송 대회

『사자소학』, 『동몽선습』, 『명심보감』과 같은 고전을 효과적으로 읽는 방법으로 암송만 한 것이 없다. 초등학생을 대상으로 하는 고전 암송 대회는 암송에 주안점을 둔 대회라 할 수 있다. 성균관대학교 한림원에서 2016년에 처음 개최되었다(문화체육관광부와 한국국학진흥원이 주관하며 매년 장소가 바뀌고 있다.). 『사자소학』, 『동몽선습』, 『명심보감』 같은 고전 구절을 2분 분량 이내로 암송하는 대회다. 한자에 관심이 많거나 암송을 좋아하는 아이들에게 추천할 만하다. 2017년에는 9월에 접수를 받아 10월경에 예선을 치렀다. 개인이나 단체로 참여할 수 있고, 암송 시 전통 한복을 입으면 가산점을 부여한다. 자세한 안내는 '전국 어린이 고전 암송 대회'로 확인하면 된다.

◆ 고구마 독후감 대회

소년조선일보와 한국고전번역원이 전국 초등학생을 대상으로 하는 독후감 대회도 있다. 이 행사는 고구마 앱에 수록된 어린이 고전 도서를 대상으로 하며, 어린이들에게 우리 고전 동화의 숨은 가치와 재미를 알리기 위해 마련되었다. '고구마'는 '고전에서 구하는 마법 같은 지혜'의 줄임말로, 한국고전번역원이 개발한 고전 앱의 이름이다.

대상 도서는 앱에 소개된 16종의 어린이 대상 전자책으로, 『강희맹의 훈자오설』, 『궁금증 풍선과 떠나는 금강산 여행』, 『강희안의 양화소록』, 『나는야, 이야기 먹는 도깨비!』 등이다.

참여를 희망하는 어린이는 고구마 앱에 접속해 도서 소개 코너에 수록된 16종의 전자책 가운데 한 권을 읽고 독후감을 써서 제출하면 된다. 분량은 200자 원고지 10장 이내이며 원고지 형식의 제한은 없다. 고구마 앱은 구글 플레이스토어와 애플 앱스토어에서 '한국고전번역원'이나 '고구마'를 검색하면 무료로 다운로드할 수 있다. 대회 관련 자세한 안내는 한국고전번역원(www.itkc.or.kr) 홈페이지를 통해 확인할 수 있다.

◆ 인문 고전 백일장 대회

이 대회는 대전평생교육진흥원에서 주관하는 대회로서 대전 시민(대학생 포함) 및 대전 지역 초·중·고등학생을 대상으로 한다. 부문은 운문이나 산문 중 택일해서 참가할 수 있다. 방식은 행사 당일 현장에서 공개된 글제를 바탕으로 운문이나 산문을 쓰면 된다. 자세한 안내는 대전평생교육진흥원(www.dile.or.kr) 홈페이지에서 확인하면 된다.

부록

동산초등학교
고전읽기 프로젝트
보고서

고전읽기 프로젝트
준비 단계

　많은 우려와 비아냥 속에서 시작한 동산 고전읽기 프로젝트가 올해로 8년을 맞고 있다. 전교생이 고전읽기를 한다는 소문은 『초등 고전읽기 혁명』이라는 책의 인기를 등에 업고 삽시간에 전국 초등학교에 퍼졌다. 많은 학부모와 교사의 문의가 쇄도했다. 학부모들의 관심은 '어떻게 하면 내 아이에게 고전을 읽힐 수 있는가?'와 관련된 질문이 압도적이었다. 이 질문에 대한 답변은 이미 앞에서 충분히 이야기를 했다고 생각한다. 교사들에게 가장 많은 질문을 받은 것은 고전읽기를 어떻게 진행하였는가에 관한 것이었다. 이에 대해 여러 가지 제약이 있어 제대로 대답하지 못할 때가 많았다. 이 장을 통해 그간 동산 초등학교에서 진행했던 고전읽기 프로젝트의 대강을 소개하고자 한다. 참고하여 각자 교육 현장에 맞는 고전읽기 프로그램을 진행하는 데 미력하나마 도움이 되기를 바란다.

좋은 프로젝트를 성공하기 위해서는 준비 단계가 철저해야 한다. 프로젝트에 맞는 시스템이 갖추어져야 하고 무엇보다 구성원들의 적극적인 호응이 있어야 성공할 수 있는 법이다. 고전읽기 프로젝트를 준비하면서 다음과 같은 몇 가지에 주안점을 두었다.

전 교사 독서 지도사 자격증 취득

아무리 훌륭한 프로그램이라도 구성원들의 동참과 지지가 없다면 성공하지 못한다. 이런 측면에서 고전읽기가 학교에 안정적으로 정착하고 성공하기 위해서는 교사들의 생각과 태도가 매우 중요하다. 교사들이 먼저 고전읽기는 꼭 필요하며 어떤 프로그램보다 아이들의 지적 발달과 정서적 발달에 도움이 된다는 사실을 공유하고 있어야 한다. 이런 의식의 동참 없이 교장이나 교감 혹은 한두 명의 교사가 주도하여 이끌어 간다면 반짝하다가 순식간에 끝나는 행사로 전락한다.

우리 학교에서는 이런 문제점을 보완하기 위해 고전읽기 프로젝트 초창기에 '전 교사 독서 지도사 자격증' 취득을 진행하였다. 교장부터 새내기 교사까지 예외 없이 독서 지도사 자격증을 취득한 것이다. 물론 교사들은 독서 지도사 자격증이 있어야 독서 지도를 할 수 있는 것은 아니다. 하지만 마음을 새롭게 하고 구성원이 한 마음으로 하나의 목적을 향해 나아간다는 측면에서 진행하였다.

이 과정에서 교사들은 독서의 중요성을 다시 한 번 절감하였고 독서 지도의 전문성까지 재무장할 수 있었다. 물론 독서 지도사 자격증 취득 비용이 만만치 않았지만 이 비용은 학교에서 적극 지원해 주어 크게 문제되지 않았다.

고전읽기 시간 확보

고전읽기 프로그램을 정착시키기 위해 고전읽기 시간을 따로 마련하였다. 우선 아침 시간을 고전읽기 시간으로 지정하였다. 8시 40분부터 1교시 수업이 시작하기 전인 9시까지 약 20분 정도의 시간을 전교 아침 고전읽기 시간으로 할애했다. 이 시간이 되면 전교생이 고전읽기를 시작하니 전교가 조용하다. 덕분에 아침 독서의 효과까지 덤으로 꾀할 수 있었다. 아침 독서는 아이들의 뇌를 학습하기 좋은 뇌로 활성화하고 아이들을 차분한 상태로 만들어 학습 효과를 향상시킨다.

아침 독서 시간만으로는 부족하여 정규 수업으로도 고전 수업 시간을 1주일에 2시간씩 확보하였다. 이는 창의적 체험 활동 시간과 국어 교육 과정 재구성을 통해 확보하였다. 아침 고전읽기 시간에는 읽기에 집중한다면 정규 수업 시간에는 심화 활동이나 독후 활동을 주로 진행했다.

고전책 구입

동산학교는 매달 읽어야 하는 고전책을 개인이 구매하는 것을 원칙으로 한다. 자기가 직접 돈을 주고 산 책과 그렇지 않은 책은 책에 대한 애착심이 다를 수밖에 없다. 또한 자신의 책장에 꽂아 놓고 평생을 두고 읽을 수 있는 책이다 보니 개인 구매하는 것이 좋다고 본다. 뿐만 아니라 자기 책이어야 읽다가 밑줄도 그을 수 있고 메모도 할 수 있다. 이렇게 읽어야 그 책이 자신만의 책이 된다.

단 학생이 책을 놓고 오는 경우를 대비해서 학급별로 10권씩 구입해서 비치하고 있다.

고전읽기 프로젝트
시작 단계

　가장 많은 시간과 공이 들어간 것은 학년별 도서 리스트 선정이었다. 다음의 조건들을 고려하여 학년, 분야, 교과 과정 등 모든 사항을 아우를 수 있도록 심혈을 기울였다.

◆ 도서 분야의 다양성

　초등학생을 대상으로 하다 보니 문학 분야가 많을 수밖에 없었다. 하지만 최대한 시, 수필, 위인전, 인문, 철학 등 어느 한 분야에 편중되지 않고 다양하게 접할 수 있도록 안배했다. 많은 아이가 자신이 좋아하는 분야의 책만 읽는 경향이 심하기 때문에 어려서부터 다양한 분야의 책을 맛보게 하는 것이 중요하다.

◆ 다양한 작가

가급적 동일 작가가 두 번 선정되지 않도록 배려하였다. 책은 작가 그 자체라고 할 수 있기 때문에 가급적 다양한 작가들을 접할 수 있도록 하였다. 또한 수많은 작가를 만남으로써 아이들이 자신이 좋아하는 작가를 발견하는 계기를 가질 수 있도록 하였다.

◆ 가급적 원전에 가까운 책

고전은 온전한 책으로 읽을 때 그 효과가 가장 높지만, 『백범일지』와 같이 아이들이 이해하기 난해한 작품은 어쩔 수 없이 아이들 수준에 맞게 번안된 책을 선정했다. 하지만 문학·철학 분야는 원전에 충실한 책을 선정했다. 특히 고학년은 가급적 원전에 가까운 책을 골랐다. 외국 작품의 경우 같은 작품이 여러 출판사에서 출간되어 있기 때문에, 이 중 가장 원전을 충실하게 번역한 책을 선택했다.

◆ 학년별 특징

1, 2학년은 학년 특성상 창작 동화나 전래 동화 등 문학 분야가 차지하는 비중이 높다. 저학년은 본격적으로 고전을 읽는 시기라기보다 고전읽기를 준비하는 단계에 해당하기 때문이다. 비교적 근래에 출간된 창작 동화가 많지만 작품성이 뛰어나 몇십 년이 지난 후에는 고전으로 인정받을 만한 작품을 선정했다.

◆ 적정 독서 분량

학기 중에는 한 달에 한 권을, 시간적 여유가 많은 방학에는 두 권 읽기를 원칙으로 했다. 고전은 많이 읽기보다 한 권의 책을 반복해서 읽는 것이 바람직하다. 아이들에게 고전은 결코 녹록치 않기 때문에 몰아치듯 읽히면 반드시 실패한다. 한 달에 한 권 정도가 적당하다.

◆ 남녀 성별 선호도

고학년이 될수록 성별에 따라 독서 취향이 극명하게 드러나기 때문에 이에 대한 배려를 하였다. 예를 들어 여자아이들을 위해서는 『비밀의 화원』, 『오만과 편견』, 『제인 에어』와 같은 미묘한 감정과 관계를 다룬 문학 작품을 선정했다. 반면에 남자아이들을 위해서는 『로빈슨 크루소』, 『톰 소여의 모험』, 『허클베리 핀의 모험』, 『80일간의 세계 일주』와 같은 모험과 상상이 가득한 작품을 선정했다.

◆ 초등학교 교육 과정과 교과서 반영

가급적 교과 과정과 연계된 고전을 선정하려고 했다. 예를 들어 5학년 사회에서는 우리나라 역사를 집중적으로 배우게 되는데 이를 고려하여 『삼국사기』나 『삼국유사』 등을 5학년에 배치하여 아이들이 교과서와 연계하여 흥미를 가지고 읽을 수 있도록 하였다. 하지만 현실적인 한계도 존재한다. 현재 초등학교 교과서에 수록된 작품들은 대다수 국내 저자의 현대 창작물에 치우쳐져 있기 때문에 이를 반영한 고전을 선정하는 데는 한계가 있었음을 밝혀 둔다.

◆ 선호도가 높고 많이 알려진 작품

고전을 처음 시작할 때는 누구나 알고 있는 유명한 책으로 시작하는 것이 좋다. 그만큼 실패할 확률이 줄기 때문이다. 선정의 객관성을 어느 정도 확보하기 위해 교육청, 도서관 등 외부 기관의 추천 도서 목록과 학부모들의 선호 작품들을 종합하여 선정하였다.

◆ 시

1, 2학년은 동시를, 3, 4학년은 한국의 명시를, 5, 6학년은 시조를 읽게 하였다. 시는 많이 읽는 것보다 반복해서 읽고 암기하는 것이 더 효과적이기 때문에 저학년, 중학년, 고학년으로 나누어 같은 도서를 읽게 하였다.

도서 목록은 지금도 계속 업데이트되고 있는 중이다. 초등 교육 전문가인 현장 교사들이 선정한 데다 현재 실제로 이 목록에 근거하여 고전읽기가 실행되고 있다는 점에서 가치가 있다고 할 수 있다. 고전 읽기에 관심을 갖고 있는 부모들에게도 조금이나마 도움이 되기를 바란다.

다음에 소개할 학년별 도서 리스트의 정보는 서점에서 찾기 편하도록 도서별 등록되어 있는 서지 정보에 준하였다.

1학년 선정 도서 목록

월	책 제목	지은이	출판사	쪽수	영역
3월	『틀려도 괜찮아』	마키타 신지	토토북	32쪽	문학
4월	『아낌없이 주는 나무』 ★ 필사지정도서 ★	셸 실버스타인	시공주니어	52쪽	문학
5월	『책 먹는 여우』	프란치스카 비어만	주니어 김영사	60쪽	문학
6월	『초등 선생님이 뽑은 남다른 속담』	박수미	다락원	192쪽	철학
7월	『심술쟁이 내 동생 싸게 팔아요!』	다니엘르 시마르	어린이 작가정신	60쪽	문학
	『걸리버 여행기』	조나단 스위프트	미래엔아이세움	216쪽	문학
8월	『알프스 소녀 하이디』	요한나 슈피리	계림	215쪽	문학
	『밤티마을 큰돌이네 집』	이금이	푸른책들	144쪽	문학
9월	『고정욱 선생님이 들려주는 세종대왕』	고정욱	산하	104쪽	전기
10월	『우리 마음의 동시』	김승규 편저	아테나	160쪽	시
11월	『김용택 선생님이 들려주는 이솝우화 50』	김용택 편저	은하수	368쪽	문학
12월	『어린이 흥부전』	서정오	현암사	128쪽	문학
	『그림 형제 걸작 동화』	그림 형제	베이직북스	304쪽	문학
1월	『김용택 선생님이 들려주는 전래동화 50』	김용택 편저	은하수	368쪽	문학
	『안데르센』	한스 크리스티안 안데르센	아이즐북스	256쪽	문학
2월	『어린이 아라비안나이트』	김수연 편저	홍진 P&M	216쪽	문학
	『3분 고사성어』	다움 편저	처음주니어	164쪽	철학

2학년 선정 도서 목록

월	책 제목	지은이	출판사	쪽수	영역
3월	『어린이를 위한 우동 한 그릇』	구리 료헤이, 다케모도 고노스케	청조사	152쪽	문학
4월	『슈바이처』	정지아	주니어RHK	137쪽	전기
5월	『어린이 사자소학』 ★ 필사지정도서 ★	엄기원 엮음	한국독서지도회	172쪽	철학
6월	『엄마 마중』	겨레아동문학 연구회 편저	보리	224쪽	문학
7월	『오세암』	정채봉	샘터	157쪽	문학
	『꿀벌 마야의 모험』	발데마르 본젤스	비룡소	255쪽	문학
8월	『내 이름은 삐삐 롱스타킹』	아스트리드 린드그렌	시공주니어	200쪽	문학
	『플랜더스의 개』	위다	비룡소	232쪽	문학
9월	『심청전』	김예선	한겨레아이들	105쪽	문학
10월	『우리 마음의 동시』	김승규 편저	아테나	160쪽	시
11월	『장애를 넘어 인류애에 이른 헬렌 켈러』	권태선	창비	184쪽	전기
12월	『토끼전』	장주식	한겨레아이들	111쪽	문학
	『15소년 표류기』	쥘 베른	삼성출판사	255쪽	문학
1월	『로테와 루이제』	에리히 캐스트너	시공주니어	232쪽	문학
	『샬롯의 거미줄』	엘윈 브룩스 화이트	시공주니어	242쪽	문학
2월	『이상한 나라의 앨리스』	루이스 캐럴	인디고(글담)	237쪽	문학
	『마틸다』	로알드 달	시공주니어	310쪽	문학

3학년 선정 도서 목록

월	책 제목	지은이	출판사	쪽수	영역
3월	『키다리 아저씨』	진 웹스터	인디고(글담)	272쪽	문학
4월	『꽃들에게 희망을』 ★ 필사지정도서 ★	트리나 폴러스	시공주니어	160쪽	문학
5월	『명심보감』 ★ 필사지정도서 ★	추적 엮음	홍익출판사	343쪽	철학
6월	『장발장』	빅토르 위고	효리원	224쪽	문학
7월	『피노키오』	카를로 콜로디	시공주니어	272쪽	문학
	『오즈의 마법사』	L. 프랭크 바움	인디고(글담)	309쪽	문학
8월	『톰 소여의 모험』	마크 트웨인	대교출판	223쪽	문학
	『정글 북』	루드야드 키플링	보물창고	256쪽	문학
9월	『옹고집전』	박철	창비	116쪽	문학
10월	『국어 교과서에 수록된 3, 4학년이 꼭 읽어야 할 교과서 동시』	권오삼 외 편저	효리원	160쪽	시
11월	『제인 구달』	카트린 하네만	한겨레아이들	128쪽	전기
12월	『별』 ★ 필사지정도서 ★	알퐁스 도데	인디북	271쪽	문학
	『피터 팬』	제임스 매튜 배리	시공주니어	279쪽	문학
1월	『안네의 일기』	한상남 편저	지경사	217쪽	수필
	『박문수전』	정종목	창비	141쪽	문학
2월	『사랑의 학교 1』	데 아미치스	창비	208쪽	문학
	『파브르 곤충기 1』	장 앙리 파브르	현암사	384쪽	과학

4학년 선정 도서 목록

월	책 제목	지은이	출판사	쪽수	영역
3월	『갈매기의 꿈』 ★ 필사지정도서 ★	리처드 바크	현문미디어	119쪽	문학
4월	『소나기』 ★ 필사지정도서 ★	황순원	맑은소리	144쪽	문학
5월	『소학』	주희, 유청지 엮음	홍익출판사	430쪽	철학
6월	『열하일기』	이명애	파란자전거	169쪽	수필
7월	『안중근』	조정래	문학동네어린이	166쪽	전기
	『80일간의 세계 일주』	쥘 베른	시공주니어	408쪽	문학
8월	『홍길동전』	김진섭	깊은책속옹달샘	168쪽	문학
	『박지원 단편집』	이영호	계림(계림북스)	142쪽	문학
9월	『빨간 머리 앤』	루시 모드 몽고메리	인디고(글담)	528쪽	문학
10월	『국어 교과서에 수록된 3, 4학년이 꼭 읽어야 할 교과서 동시』	권오삼 외 편저	효리원	160쪽	시
11월	『탈무드』	이동민 역	인디북	285쪽	철학
12월	『어린 왕자』 ★ 필사지정도서 ★	생 텍쥐페리	인디고(글담)	160쪽	문학
	『로빈슨 크루소』	대니엘 디포	대교출판	213쪽	문학
1월	『우리들의 일그러진 영웅』	이문열	다림	157쪽	문학
	『박씨전』	손연자	대교출판	197쪽	문학
2월	『아인슈타인과 과학 천재들』	앤드 스튜디오	중앙북스	176쪽	과학
	『오 헨리 단편선』	오 헨리	인디북	207쪽	문학

5학년 선정 도서 목록

월	책 제목	지은이	출판사	쪽수	영역
3월	『리마커블 천로역정』	존 번연	규장	253쪽	문학
4월	『위대한 영혼, 간디』	이옥순	창비	182쪽	전기
5월	『채근담』 ★필사지정도서★	홍자성	홍익출판사	345쪽	철학
6월	『창가의 토토』	구로야나기 테츠코	프로메테우스	288쪽	문학
7월	『삼국유사』	이정범	알라딘북스	232쪽	비문학
	『삼국사기』	김부식	타임기획	322쪽	비문학
8월	『나의 라임 오렌지나무』	J.M. 바스콘셀로스	동녘	301쪽	문학
	『비밀의 화원』	프랜시스 호지슨 버넷	시공주니어	408쪽	문학
9월	『지킬 박사와 하이드』	로버트 루이스 스티븐슨	푸른숲주니어	216쪽	문학
10월	『솔솔 재미가 나는 우리 옛시조』	김원석 편저	파랑새어린이	199쪽	시
11월	『난중일기』	이순신	파란자전거	167쪽	수필
12월	『구운몽』	진경환	휴머니스트	220쪽	문학
	『아이작 아시모프의 과학 에세이』	아이작 아시모프	아름다운날	312쪽	과학
1월	『춘향전』	고영	북멘토	240쪽	문학
	『이윤기의 그리스 로마 신화 1』	이윤기	웅진지식하우스	352쪽	문학
2월	『100년 후에도 읽고싶은 한국명작단편』	한국명작단편선정위원회 편저	예림당	400쪽	문학
	『동물 농장』	조지 오웰	열린책들	193쪽	문학

6학년 선정 도서 목록

월	책 제목	지은이	출판사	쪽수	영역
3월	『톨스토이 단편선』	레프 톨스토이	인디북	367쪽	문학
4월	『청소년을 위한 백범일지』	김구	나남	260쪽	수필
5월	『논어』 ★ 필사지정도서 ★	공자	홍익출판사	424쪽	철학
6월	『사씨남정기』	고정욱	알라딘북스	256쪽	문학
7월	『돈키호테』	미겔 데 세르반테스	푸른숲주니어	343쪽	문학
	『사기열전』	사마천	타임기획	275쪽	비문학
8월	『제인 에어』	샬롯 브론테	시공주니어	853쪽	문학
	『허클베리 핀의 모험』	마크 트웨인	시공주니어	488쪽	문학
9월	『셰익스피어 4대 비극』	윌리엄 셰익스피어	아름다운날	544쪽	문학
10월	『솔솔 재미가 나는 우리 옛시조』	김원석 편저	파랑새어린이	199쪽	시
11월	『플라톤의 대화편』	플라톤	창	314쪽	철학
12월	『우리말성경(잠언)』 ★ 필사지정도서 ★	편집부 편저	두란노	1312쪽	철학
	『명상록』	마르쿠스 아우렐리우스	인디북	304쪽	비문학
1월	『목민심서』	이성률	파란자전거	164쪽	비문학
	『대지』	펄 S.벅	문예출판사	470쪽	문학
2월	『페르마의 마지막 정리』	사이먼 싱	영림카디널	440쪽	수학

고전읽기 프로젝트
정착 단계

동산 고전읽기 프로젝트는 전교생 대상으로 고전을 읽힌다는 사실만으로 세간의 주목을 받았다. 하지만 프로젝트를 진행하면서 여러 가지 문제점이 드러나고 이를 보완해야 했다. 특히 학급 간의 격차를 줄이고 학교 전체가 일정한 수준을 유지하면서 프로젝트가 진행되어야 할 필요성이 많이 제기되었다. 고전읽기 프로젝트를 정착시키는 과정에서 행해졌던 몇 가지 프로그램을 소개하고자 한다.

고전읽기 감상문 대회

고전읽기 감상문 대회는 여름방학이 끝나고 8월 말경에 실시한다.

당해에 3월부터 8월까지 읽었던 고전 8권 중에서 학년별로 5권씩 선정하여 제시한다. 학생은 선정된 고전 리스트 중에서 한 권을 골라 독후감을 작성하면 된다. 결과에 따라 반별로 6명에게 금상, 은상, 동상 상장이 수여되기 때문에 학생과 학부모의 관심이 높다.

학생 입장에서는 어떤 책이 제시될지 모르기 때문에 최소 서너 권의 책을 철저하게 준비하지 않으면 안 된다. 또 독후감을 미리 써보는 연습도 필요하다.

고전 인증제

고전 인증제는 매달 마지막 금요일에 그달에 읽은 고전책을 대상으로 인증제를 실시한다. 고전 인증제가 도입된 배경은 학급 간의 격차 해소와 학생과 학부모의 고전읽기에 대한 관심 증대가 목적이다. 고전읽기 프로젝트 도입 초창기에 발생한 가장 큰 문제점은 학급 간 혹은 개인 간 격차였다. 고전을 열심히 읽는 반과 그렇지 않은 반, 열심히 읽는 아이와 그렇지 않은 아이들의 격차가 심하게 벌어졌다. 이 문제에 대한 해결책으로 등장한 것이 고전 인증제다.

고전 인증제는 3월부터 1월까지 총 11권의 고전을 대상으로 실시하고 있다. 시험 문제는 비교적 쉬운 편이다. 책을 제대로 읽은 학생이라면 누구나 쉽게 맞출 수 있는 문제를 20개 출제하여 60점 이상

동산 초등학교 고전 인증제 예시   고전 인증 메달 예시

이면 통과한 것으로 간주한다. 통과된 학생에게는 본인의 고전책에 금색 메달 스티커를 붙여 준다. 학년말 2월에는 인증 시험에 통과한 권수에 따라 표창장을 수여한다. 11권 중 9권 통과자는 금상, 7권 통과자는 은상, 5권 통과자는 동상을 수여한다.

고전 인증제 실시로 학생이나 부모의 고전읽기에 대한 관심이 높아진 반면 교사의 자율성이 제한되면서 다양한 독서 활동에 제약이 따르는 문제점도 노출되고 있다.

고전 독서록

　고전 독서록은 고전을 읽어 가면서 해볼 수 있는 다양한 독서 활동을 모아 놓은 책자다. 작품별로 4쪽 분량으로 구성되어 있는데, 한쪽에는 작품 해설, 작가 소개, 읽는 방법이 소개되어 있고, 나머지 3쪽에는 독서 활동이 실려 있다. 한 학년당 17작품으로, 총 분량은 약 70쪽 내외다.

　고전읽기 프로젝트 초창기에는 고전 독서록이 많이 활용되었지만 교사들의 지도 노하우가 쌓이면서 지금은 많이 활용되지 않고 있다.

고전 독서록 예시

시 암송

10월에는 전 학년이 시를 읽는다. 학생들의 수준을 고려하여 1, 2학년은 『우리 마음의 동시』라는 동시집을 읽고, 3, 4학년은 『국어 교과서에 수록된 3, 4학년이 꼭 읽어야 할 교과서 동시』을 읽고, 5, 6학년은 『솔솔 재미가 나는 우리 옛시조』를 읽는다. 시를 읽는 가장 좋은 방법은 암송하는 것이다. 때문에 각 학년별로 꼭 암송해야 하는 시를 10편씩 선정해서 외우게 한다. 아이들이 힘들어하고 고통스러워할 것 같지만 의외로 잘 외우기도 하거니와 나름 재미있어한다. 반 친구들과 같이 외우다 보니 재미있어하는 듯하다. 또한 이를 돕고자 당월 고전 인증 시험은 시를 외워서 쓰는 문제가 대부분이다.

1학년 동시 암송 목록

제목	지은이
〈형제별〉	방정환
〈엄마야 누나야〉	김소월
〈누가 누가 잠자나〉	목일신
〈따오기〉	한정동
〈고향의 봄〉	이원수
〈오빠 생각〉	최순애
〈구슬비〉	권오순
〈섬집 아기〉	한인현
〈방울새〉	김영일
〈꼬까신〉	최계락

2학년 동시 암송 목록

제목	지은이
〈산 너머 남촌에는〉	김동환
〈감자꽃〉	권태응
〈봄 편지〉	서덕출
〈물새알 산새알〉	박목월
〈달밤〉	조지훈
〈이슬〉	윤석중
〈나팔꽃〉	곽노엽
〈어머니〉	김종상
〈아버지의 안경〉	이탄
〈신작로〉	김완기

3학년 시 암송 목록

제목	지은이
〈진달래꽃〉	김소월
〈서시〉	윤동주
〈귀천〉	전상병
〈기다리는 마음〉	김민부
〈돌담에 속삭이는 햇발같이〉	김영랑
〈금잔디〉	김소월
〈논개〉	변영로
〈흔들리며 피는 꽃〉	도종환
〈남으로 창을 내겠소〉	김상용
〈풀〉	김수영

4학년 시 암송 목록

제목	지은이
〈저녁에〉	김광섭
〈국화 옆에서〉	서정주
〈산유화〉	김소월
〈나그네〉	박목월
〈내 마음은〉	김동명
〈향수〉	정지용
〈꽃〉	김춘수
〈사슴〉	노천명
〈낙화〉	이형기
〈청포도〉	이육사

5학년 시조 암송 목록

제목	지은이
〈동창이 밝았느냐〉	남구만
〈태산이 높다 하되〉	양사언
〈가마귀 검다하고〉	이직
〈세상 사람들이〉	미상
〈아버님 날 낳으시고〉	주세붕
〈어버이 계실 때〉	정철
〈말하기 좋다 하고〉	미상
〈청산리 벽계수야〉	황진이
〈이화에 월백하고〉	이조년
〈추강에 밤이 드니〉	월산대군

6학년 시조 암송 목록

제목	지은이
〈이런들 어떠하며〉	이방원
〈청산은 어찌하여〉	이황
〈공명을 즐겨마라〉	김삼현
〈칠곡은 어드메고〉	이이
〈내 벗이 몇이나 하니〉	윤선도
〈한산섬 달 밝은 밤에〉	이순신
〈이 몸이 죽고 죽어〉	정몽주
〈가노라 삼각산아〉	김상헌
〈이 몸이 죽어 가서〉	성삼문
〈오백년 도읍지를〉	길재

고전읽기 프로젝트
심화 단계

고전읽기 프로젝트가 진행되면서 좀 더 심도 있는 프로그램에 대한 요구들이 제기되었다. 그리하여 좀 더 재미있고 깊이 있게 고전을 읽을 수 있도록 다양한 방안들이 마련되고 시도되었다. 그중에서도 가장 성공적으로 적용되고 안착된 프로그램 두 가지를 소개하고자 한다.

필사하기

책을 베껴 쓰는 필사의 효과에 대해서는 책 내용 중에 상세하게 소개했기 때문에 생략하기로 한다. 동산 고전 필사하기는 고전 100권

중 10여 권을 선정하여 필사를 통해 작품을 좀 더 깊이 이해하고 내면화하는 프로그램이다.

학교에서 제시한 10여 권의 필사 목록 중에서 마음에 드는 책을 골라서 자율적으로 필사하면 된다. 필사 공책에 1쪽 분량을 베껴 쓴 후 담임 교사에게 확인을 먼저 받아야 한다. 아이들이 너무 날려 쓰지 않도록 하기 위한 조치다. 담임 교사에게 글씨 합격을 받으면 이어서 책 끝까지 필사를 하면 된다. 필사를 마친 후에는 공책 맨 마지막에 생각이나 느낌을 200자 이상으로 적어 담임 교사에게 제출하면 된다. 담임 교사는 필사가 제대로 되었는지 확인하고 제대로 되었으면 필사상을 받을 수 있도록 상신한다.

한 권 필사가 끝나면 상장을 받기도 하지만 필사 권수가 5권이나 10권에 이르면 별도의 부상을 준다. 아이들이 가장 필사로 선호하는 작품은 아무래도 길이가 짧은 『아낌없이 주는 나무』, 『꽃들에게 희망을』, 『어린왕자』, 『갈매기의 꿈』과 같은 작품이다.

필사 목록

순	책 제목	지은이	출판사	쪽수	영역	비고
1	『아낌없이 주는 나무』	셸 실버스타인	시공주니어	52쪽	문학	
2	『어린이 사자소학』	엄기원 엮음	한국독서지도회	172쪽	철학	한문도 써야 함

3	『꽃들에게 희망을』	트리나 폴러스	시공주니어	160쪽	문학	
4	『명심보감』	추적 엮음	홍익출판사	343쪽	철학	한문은 안 씀
5	「별」	알퐁스 도데	인디북	271쪽	문학	「별」 작품만 대상
6	『갈매기의 꿈』	리처드 바크	현문미디어	160쪽	문학	
7	『소나기』	황순원	맑은소리	144쪽	문학	「소나기」만 대상
8	『논어』	공자	홍익출판사	424쪽	철학	한문은 안 씀
9	『우리말 성경(잠언)』	편집부 편저	두란노	1312쪽	철학	
10	『채근담』	홍자성	홍익출판사	345쪽	철학	『채근담』 중 「전집」만 대상
11	『어린 왕자』	생텍쥐페리	인디고(글담)	160쪽	문학	

고전 발표회

고전 발표회는 학생에게는 고전에 대한 이해와 재미를 높이고, 학부모에게는 고전읽기에 대한 관심을 키우기 위해 고안한 프로그램이다. 학년별로 읽은 고전 중에서 한두 작품을 선정해서 연극, 노래, 뮤지컬 등 다양한 형식으로 발표를 한다. 고전 발표회를 위해 특별히 준비하는 것이 아니라 해당 작품을 읽을 때 학생들과 했던 활동 중에서 선별하여, 이를 좀 더 다듬어서 무대에서 발표하는 형식이다.

고전 발표회 내용 예시

학년	제목	참가 인원	소요 시간(분)	개요
1	동시 동요 부르기	12명	4	대표 동시를 12명의 아동이 알맞은 율동을 하면서 동요로 부르기.
2	『사자소학』 암송	12명	4	『사자소학』 암송 구절 20구절을 12명의 아동이 구절 내용과 맞는 율동을 하면서 구절을 암송함.
2	〈둥둥둥 내 딸〉	4명	2	『심청전』의 원류인 '심청가' 한 대목을 판소리 가락의 흥을 살려 노래함.
3	고전 동화 구연	3명	9	『장발장』, 『피노키오』, 『명심보감』의 한 장면을 동화 구연으로 실감나게 발표함.
4	안중근 뮤지컬	15명	10	안중근이 이토를 저격하고 재판을 받는 장면을 15명의 아이들이 뮤지컬로 표현함.
4	『갈매기의 꿈』 노래	15명	3	『갈매기의 꿈』 주제에 맞는 노래 〈거위의 꿈〉을 합창함.
5	삼국 뉴스	24명	5	『삼국사기』, 『삼국유사』를 바탕으로 고구려, 백제, 신라 시대에 일어난 역사적 사실을 TV 뉴스처럼 알림.
6	셰익스피어 연극제	9명	10	『셰익스피어 4대 비극』 중 「햄릿」 한 장면을 각색하여 공연함.

다시, 초등 고전읽기 혁명

초판 1쇄 발행 2018년 5월 1일
초판 13쇄 발행 2022년 8월 12일

지은이 송재환 **펴낸이** 김종길 **펴낸 곳** 글담출판사

기획편집 이은지·이경숙·김보라·김윤아 **마케팅** 김상윤
디자인 손소정 **홍보** 정미진·김민지 **관리** 김예솔

출판등록 1998년 12월 30일 제2013-000314호
주소 (04029) 서울시 마포구 월드컵로 8길 41
전화 (02) 998-7030 **팩스** (02) 998-7924
페이스북 www.facebook.com/geuldam4u **인스타그램** geuldam
블로그 http://blog.naver.com/geuldam4u

ISBN 979-11-86650-52-3 (13590)
책값은 뒤표지에 있습니다.
잘못된 책은 바꾸어 드립니다.

이 도서의 국립중앙도서관 출판시도서목록(CIP)은 e-CIP 홈페이지(http://www.nl.go.kr/ecip)
와 국가자료공동목록시스템(http://www.nl.go.kr/kolisnet)에서 이용하실 수 있습니다.
(CIP 제어번호 : 2018009541)

만든 사람들————
책임편집 이경숙 **교정교열** 박주현 **디자인** 정현주

글담출판에서는 참신한 발상, 따뜻한 시선을 가진 원고를 기다리고 있습니다.
원고는 글담출판 블로그와 이메일을 이용해 보내주세요. 여러분의 소중한 경험과 지식을 나누세요.
블로그 http://blog.naver.com/geuldam4u **이메일** geuldam4u@naver.com